MISTERIOS DE LA HISTORIA

ENIGMAS DEL PASADO

Misterios de la historia

ENIGMAS DEL PASADO

Pedro Palao Pons

Copyright © EDIMAT LIBROS, S. A.
C/ Primavera, 35
Polígono Industrial El Malvar
28500 Arganda del Rey
MADRID-ESPAÑA
www.edimat.es

ISBN: 978-84-9764-867-7
Depósito legal: CO-738-2007

Colección: Misterios de la historia
Título: Enigmas del pasado
Autor: Pedro Palao Pons
Diseño de cubierta: Juan Manuel Domínguez
Impreso en: Taller de libros, S.A.

IMPRESO EN ESPAÑA – *PRINTED IN SPAIN*

INTRODUCCIÓN

Bienvenido a un recorrido apasionante por nuestro más enigmático y misterioso pasado.

Sin lugar a dudas, una de las cosas que más ha fascinado al hombre son sus orígenes, su Historia, una información indispensable para saber quiénes somos y adónde queremos ir. Y aún más fascinación supone el hecho de mirar atrás y no entender ciertas cosas.

Es cierto que cada vez es más difícil fascinarnos por algo, pues el mundo ya no posee prácticamente ningún país inexplorado, ningún rincón lo suficientemente recóndito donde nadie antes haya llegado jamás, ningún secreto oculto en lo más profundo de una cripta de una iglesia en el fin del mundo.

Por decirlo de alguna manera, ya lo hemos descubierto todo de nuestros ancestros, ya sabemos quiénes fueron, cómo vivieron y dónde se instalaron durante su época de esplendor y decadencia. La capacidad de sorpresa en esta época se reduce tal y como el saber avanza, tal y como la técnica se aplica cada vez más y mejor, tal y como la información es algo a lo que casi cualquiera puede acceder desde cualquier lugar.

Ojalá sigamos durante al menos un tiempo descubriendo ciudades ocultas en la jungla, pirámides enterradas, vestigios increíbles de civilizaciones de las que ni siquiera teníamos noticia hasta la fecha.

Ojalá podamos aún volvernos locos al ver por televisión o leer en la prensa o Internet que se ha descubierto lo que parece ser el continente perdido de la Atlántida, saber de repente qué pasó en realidad con los incas, maravillarnos ante vestigios celtas en lo que hoy es Estados Unidos, mucho antes de la llegada de Colón...

Y la verdad es que no podemos dejar de tener esperanza. No es que sea lo último que hay que perder, es que está instalada en nuestra naturaleza, impresa en nuestros genes.

Muy adentro de nosotros sabemos que no todo se sabe, que hay misterios que siguen sin resolver, que por mucho que la ciencia demuestre que los egipcios eran capaces de construir pirámides con una facilidad pasmosa, nos queda ese resquicio de duda razonable que nos hace no acabar de creer a unos expertos del Pentágono que aseguran que así fue, pero que, lamentablemente, el método utilizado no ha llegado hasta nosotros por alguna razón, desconocida.

Tampoco nuestra esperanza que alimenta esa ansia de saber nos deja creer sólo en una solución. Por poner un ejemplo, no todos los enigmas de nuestro remoto pasado tienen que ver por necesidad con el fenómeno OVNI, como tampoco los viajes en el tiempo tienen que ser la panacea para erradicar esa duda.

A cada enigma su justo valor, sus datos fehacientes y su hipótesis más adecuada. Aplicar la teoría de «la navaja de Okham» es muchas veces la mejor manera de afrontar un misterio: si existen dos o más explicaciones para un mismo fenómeno, debemos elegir primero aquella que involucre menos suposiciones, es decir, la más simple. Curiosamente, suele ser la acertada.

A veces necesitaremos echar mano de teorías que la ciencia «oficial» ni siquiera tiene en cuenta (parece que el hecho de no enseñar según que cosas en centros docentes las desacreditan automáticamente), pero en muchas ocasiones no hay nada como utilizar la cabeza para desentrañar misterios de manera sencilla y salirnos un poco (¡o un mucho!) de la norma. Y ciertamente, quizá sea triste, pero en la mayoría de los casos, al menos hasta hoy, dos más dos siguen siendo, indefectiblemente, cuatro.

Y de hecho, amigo lector, esta frase resume la esencia de esta obra. Cójase dos (un enigma sin resolver), súmese dos (la teoría que más nos acerque a la verdad) y el resultado será cuatro.

¿Misterio resuelto...? ¡Ni por asomo! Hasta la mente más lógica del planeta tiene que rendirse a las evidencias, y muchas veces estas evidencias, valga la redundancia, nos enseñan que... no existen evidencias. Y aquí, aunque parezca contradictorio, es cuando dos más dos no son ni de cerca cuatro. Puede ser cualquier cosa.

A lo largo de este libro enfocaremos las cosas de muchas maneras, no cerrándonos más que a habladurías o a cosas demasiado fantásticas hasta para un espíritu que quiere ser abierto, pero no creer en cualquier cosa, por muy atractiva que esta se nos presente.

Y hemos tenido que rendirnos a la evidencia, porque en muchos casos de los que vamos a hablar, no sólo la solución no es cuatro, es que ni siquiera es aplicable la operación matemática, por decirlo de manera metafórica.

Hablando en plata: aún no hay nadie que haya demostrado, sin posible resquicio de duda, que el «astronauta» de Palenque fuera en realidad un tripulante en su nave espacial, como tampoco se ha demostrado a ciencia cierta que los nazca no pudieran volar, o que los celtas no cruzaron el Atlántico antes que Colón, o cómo fue posible que Piri Reis cartografiara parte del planeta en su época, etcétera.

Al mismo tiempo que no hay que perder el mundo de vista y afirmar tajantemente que Machu Picchu es una construcción atlante sin ninguna duda, tampoco hay que cerrarse a hipótesis que, aunque fantásticas, apuntan a que civilizaciones desaparecidas hace milenios conocían técnicas y artefactos que su auténtico desarrollo tendría que haberles impedido conocer, pero que aún así, existieron.

Ni en uno ni en el otro caso nos estamos acercando al misterio con la intención de disfrutarlo (¿hay placer mayor que resolver un problema hallando por nosotros mismos su perfecta solución?) y entonces evitamos que sigamos teniendo esa necesaria capacidad para la sorpresa y la fascinación.

En esta obra nos hemos dejado fascinar (pues compartir los enigmas multiplica la satisfacción, y somos dos los autores de la misma) y no esconderemos que a veces ha provocado incluso discusiones entre nosotros, por decidir de qué hablar y sobre todo con qué enfoque, pues cada uno, en aquel momento, apostaba por teorías diferentes y, en algún caso «crítico», incluso totalmente contrarias e incompatibles entre sí en las mismas páginas de un libro.

Evidentemente, la sangre nunca llegó al río, pues el verbo discutir se suele utilizar sólo en su vertiente, digamos, violenta, cuando puede ser una actividad de lo más sano, un intercambio de ideas y de visiones que enriquece al que sabe discutir. Pero sin duda es un hecho clarificador que existan tantas explicaciones plausibles para un solo misterio.

Esperamos que a través de estas páginas se refleje la pasión con que hemos abordado cada tema, y sobre todo que podamos transmitirla.

Y, con un poco de suerte, recuperemos esa parte a veces injustamente olvidada de sorpresa y fascinación.

Capítulo primero

EXOARQUEOLOGÍA Y EXOBIOLOGÍA. ESTUDIANDO LOS MISTERIOS DE LA HISTORIA

En la vida, como en el cosmos, existen fenómenos a los que la mente y las ciencias humanas no son capaces de dar explicación. Desde hechos históricos aceptados por todo el mundo, como que la construcción de las pirámides tuvo que hacerse mediante algún sistema extraordinario, en el sentido más literal de la palabra, hasta fenómenos que han sido arrinconados a falta de una explicación lógica o coherente con las leyes de la ciencia y física humanas, como podrían ser los mapas de Piri Reis, que describen fenómenos cartográficos que en su época eran aún desconocidos.

A lo largo de la Historia ha habido diversas explicaciones a estos fenómenos, y una de ellas hace referencia al hecho de que comunidades extraterrestres hubieran actuado en nuestro planeta, interactuando o no con sus habitantes. Eso explicaría que construcciones como los megalitos de Stonehenge hubieran podido realizarse, o que las pilas de Bagdad funcionaran con unos conocimientos que no se tenían en la época, pero sí podían poseer civilizaciones más avanzadas.

Esta explicación es la base de una serie de disciplinas situadas al margen de la comunidad científica «oficial». La paleoastronáutica, astroarqueología o exoarqueología, son ciencias no académicas que tratan de establecer los orígenes y la historia de la humanidad desde la creencia de que en el pasado existieron civilizaciones tecnológicamente muy avanzadas que probablemente consiguieron sus conocimientos gracias a la intervención de seres procedentes de otros mundos.

Esta precisa definición ofrece, sin embargo, serios inconvenientes cuando se lleva a la práctica. Como incluye en su concepto a cuanto conocimiento haga referencia a la detección de biotipos extraterrestres, es prácticamente indispensable recurrir al aporte que nos brindan las distintas áreas del conocimiento científico tales como la astrofísica, biología molecular, exocología, astrobotánica, etc. Y es que sólo en un marco de cooperación interdisciplinaria, la exobiología tendrá acceso a una evaluación más efectiva de lo desconocido.

Los hombres siempre se han interesado por lo que ocurría más allá de sus dominios, y la posible existencia de vida inteligente en otros planetas ha sido un tema recurrente en periódicos y revistas desde principios del siglo XX. El problema es que el tema ha estado enfocado demasiado a menudo desde su vertiente menos rigurosa, no se ha tratado de forma fidedigna respecto a los indicios que se tenían realmente.

La tendencia del hombre al antropocentrismo propició que en el imaginario colectivo se creara una vida extraterrestre a nuestra imagen y semejanza, poseedora de una inteligencia que le permitiera comunicarse y darse a conocer. Ahí se encuentra el origen de programas de búsqueda de señales extraterrestres como el SETI, que rastrean en ondas de radio e incluso en señales de televisión. Pero este tipo de iniciativas presuponen que en otros lugares se ha producido el mismo proceso evolutivo que en la Tierra. Sin embargo, en ésta, desde el origen de la vida, hace unos 3.900 millones de años, los seres han ido ganando en complejidad hasta la aparición de una especie capaz de preguntarse por aquello que le rodea y que se considera inteligente. Son los seres humanos. Pero debemos tener en cuenta que la vida se originó en la Tierra mucho antes de que aparecieran nuestros ancestros, hace cuatro millones de años, y seguramente continuará mucho después de su extinción.

La misma aparición de la vida en la Tierra, la existencia del hombre y el desarrollo de la inteligencia son campos de estudio de la comunidad científica. En el extremo opuesto, las religiones ofrecen respuestas a las incógnitas del ser humano contradiciendo a la ciencia y sus preceptos.

Las teorías de la paleoastronáutica podrían establecer un punto de encuentro, una especie de «tercera vía» que diese respuesta al origen del hombre a mitad de camino de lo expuesto por la ciencia y la religión. Entonces se lograría que muchas de las dudas que hoy no encuentran respuestas vieran la luz desde una nueva perspectiva histórica. El descubrimiento de una civilización extraterrestre no cabe duda de que tendría un impacto sobre nuestras vidas tan profundo como los trabajos de Copérnico o Darwin.

Demócrito decía que todo el universo estaba hecho de átomos idénticos. Se dio cuenta de que, si los átomos pueden unirse en la Tierra y formar organismos vivos, el mismo tipo de combinaciones de átomos podía surgir en otros mundos. No obstante, el hecho de que algo sea posible no hace que sea inevitable, ni siquiera probable.

Los defensores de la existencia de inteligencia extraterrestre hacen una segunda suposición, conocida como el principio de mediocridad o principio copernicano. Desde que Copérnico demostró que la Tierra está situada en el centro del Universo, ha sido razonable considerar que nuestro planeta no es en modo alguno especial. Por lo que sabemos, es un planeta típico en torno a una estrella típica de una galaxia típica. Sin embargo, podemos plantearnos porqué no iba a ser también típica la presencia de vida en nuestro planeta. La Vía Láctea es una más de los miles de millones de galaxias, así que aunque existieran muy pocas civilizaciones en cada una de ellas, seguiría habiendo muchísimas en el universo.

Buscar en las huellas del pasado o investigar el llamado «fenómeno OVNI» no es una pérdida de tiempo como creen algunos, sino que pretende encontrar algo tan importante como son las pistas de dónde el hombre perdió su camino y su verdadera razón de ser.

La intención en este libro es mostrar un pequeño catálogo de evidencias que apuntan a la posibilidad de que en el pasado existieron elevados conocimientos tecnológicos procedentes tal vez de civilizaciones de las estrellas.

El postular que en la antigüedad hubo visitantes de otras regiones del universo no contradice en absoluto los más rigurosos principios de la metodología científica. La teoría de unos visitantes del cosmos en época remota debe considerarse como una hipótesis absolutamente significativa.

El problema es que para demostrar las visitas de seres de otros planetas son necesarios hechos empíricos, y apenas conocemos los procesos físicos que llevan al origen de la vida. Darwin imaginó un estanque árido, rico en compuestos químicos orgánicos. Con el tiempo, esta mezcla denominada «sopa química» iría conteniendo mezclas de sustancias cada vez más ricas. Tal vez, después de millones de años, los compuestos se harían tan complejos que surgirían espontáneamente microorganismos capaces de crear réplicas de sí mismos.

Para empezar, podemos tener en cuenta la universalidad de los elementos químicos. Todas las formas de vida terrestre están constituidas por átomos de los 102 elementos químicos conocidos. El análisis demuestra que estos mismos elementos intervienen en alguna porción en la composición de nuestros planetas vecinos y del Sol, en el polvo interestelar y estrellas remotas. En el caso contrario, no se ha detectado en esos cuerpos ningún elemento extraño que no exista en la Tierra.

Numerosas investigaciones se han volcado en buscar moléculas orgánicas que permitan despejar la incógnita de la química extraterrestre. Se han detectado 23 moléculas orgánicas, entre ellas: monóxido de carbono, cianuro de hidrógeno o metilamina. Estas moléculas se desplazan por el cosmos por impulsos y refugios gravitatorios y magnéticos junto con enjambres de nubes de hidrógeno, y probablemente sean las mismas que en épocas primigenias entraron en la composición de nuestros primeros aminoácidos, azúcares y bases.

Estos elementos prebióticos son los que tras un proceso de evolución química se organizaron en los conocidos bloques vitales: proteínas y ácidos nucleicos. En resumen: el espacio interestelar esta lleno de material prebiótico.

El fenómeno de la vida tiene carácter universal. Hasta hace algunos años los científicos aseguraban que la biogénesis, el proceso de creación de vida, era un fenómeno demasiado complejo como para que no hubiera surgido sino como puro accidente. El paso de la vida inorgánica a la formación de la primera molécula viviente era explicado en función del azar. Con el uso de los telescopios más avanzados, sin embargo, la detección de una química extraterrestre acabó con las teorías a favor del concepto de casualidad.

También hay que tener en cuenta que aunque los poderosos medios de observación no hallan detectado en el espacio otros elementos químicos que los ya conocidos, no necesariamente deben prevalecer los mismos mecanismos bioquímicos en todo el cosmos. Estas observaciones son de gran importancia cuando se considera la posibilidad de que la materia viva pueda tomar formas distintas a las conocidas en lugares remotos del universo, tanto en cuanto a estructura como en composición química. Es razonable dejar un amplio margen de aceptación a la posibilidad de existencia de biotipologías distintas a las conocidas donde los biotipos se puedan adaptar con una bioquímica diferente.

En este sentido, es importante reconocer que los exobiólogos cuentan para realizar sus investigaciones con un único patrón biotípico, el que en su infinita variedad puebla nuestro planeta en su más amplia diversidad de hábitats, colonizando todos los ambientes en tierra, mar y agua. Sin embargo, todos ellos tienen algo en común: su estructura protoplasmática fundamental. Y con todo, no está totalmente comprobado que el protoplasma sea la única base sobre la cual pueda desarrollarse la vida.

En relación con estas consideraciones, las investigaciones realizadas por el doctor Harold Spencer Jones hacen referencia a la posibilidad de una química orgánica extraterrestre basada en el silicio que supondría o bien un mecanismo de respiración diferente al conocido o bien la ausencia de la actividad de respirar. No está del todo demostrado que estas características posibilitaran el desarrollo de una especie inteligente, pero la vida no se detiene en realidad ante ninguna limitación, los límites se encuentran más en el pensamiento del hombre que en la diversidad de formas de adaptación al medio que se dan en la naturaleza.

Cada nuevo descubrimiento que realizamos nos enfrenta con la realidad de que nuestro conocimiento del universo y, más aún, de nosotros mismos, es increíblemente limitado.

La teoría de panspermia

El hombre ha viajado a la Luna, ha enviado sondas espaciales a otras biosferas planetarias y dirigido otras a los confines del sistema solar, buscando aquellos elementos que nos ayuden a esclarecer los enigmas del origen del universo y de nuestra procedencia. Sin embargo, nos llueven desde el cielo millones de muestrarios extraterrestres que impactan en la superficie de nuestro globo desde épocas remotas.

El profesor Bartholomew Nagy, de la universidad de Fordham, New York, ha estudiado desde el año 1961 un tipo especial de meteoritos, denominados «condritas carbonosas», que suministran una fuente de información directa de la química extraterrestre.

Al examinarlos con el microscopio se han hallado desde elementos orgánicos simples hasta bacterias y microorganismos parcialmente fosilizados. Estos vestigios de vida de las condritas carbonosas acuden en apoyo a la teoría que ha revolucionado el pensamiento científico de nuestros días: la teoría de la panspermia.

Dicha teoría postula que la vida no es contemporánea a la formación del planeta, sino que ha venido del exterior por inseminación de estos aerolitos. Esta hipótesis, formulada por dos personajes prestigiosos de la astronomía, Red Hoyle y Chandra Wickramasinghe, sostiene que en las primeras eras geológicas, más o menos hace cuatro mil millones y medio de años, nuestro joven planeta recibía la caída de materiales expulsados por los núcleos de los cometas con mayor frecuencia que la actual. Y precisamente de estos objetos extraterrestres la Tierra ha recibido los materiales prebióticos que posteriormente, gracias al ensamble de estructuras prefabricadas y en virtud de un proceso evolutivo, constituirían la primera célula viviente.

El hallazgo de meteoritos de más de cuatro mil millones de años de antigüedad que contienen aminoácidos en su interior indican no sólo que el proceso de evolución química es universal, sino que ésta es de mayor antigüedad que los primeros sedimentos terrestres. Por ejemplo, en el meteorito Murchison, caído en Australia en 1969, se encontraron más de noventa aminoácidos diferentes de los cuales tan solo diecinueve se encuentran en la Tierra.

Se cree que los cometas, la mayoría de los cuales chocan contra la Tierra a grandes velocidades, transportan un material incluso más rico en carbono que los meteoritos. Hasta hace poco, se creía que las elevadas temperaturas y la presión imposibilitaría que moléculas complejas, como los aminoácidos, llegaran a la Tierra sin ser desorganizados. A pesar de ello, en un experimento que intentaba reproducir las condiciones del impacto de un cometa en la Tierra, se observó que de un 40 a un 70 por ciento de los aminoácidos sobrevivían al impacto. La llegada de material extraterrestre a la Tierra es un hecho bastante corriente. Cada año, «aterrizan» en ella 40.000 toneladas de material extraterrestre en forma de pequeños meteoritos y partículas de polvo. De ahí que no resulte descabellado considerar que la vida en su estado más primitivo pudo venir del espacio exterior. Pese a ello, los seres superiores difícilmente hubieran sobrevivido a un viaje de estas características, por lo que las posturas más radicales de la panspermia son habitualmente rechazadas por los científicos.

Sin embargo, debemos considerar que a partir del instante en que surge la materia orgánica en nuestra primitiva Tierra, se inició un proceso de evolución de millones y millones de años que condujo a la formación de los primeros seres bípedos pensantes. Por tanto, somos producto de un proceso que no se ha interrumpido. Y nuestro mundo constituye tan sólo un microcosmos insignificante en la vastedad del universo.

Es lógico suponer, entonces, que entre los millones de planetas que pueblan el inconmensurable cosmos, se hayan iniciado en alguno procesos biogenéticos idénticos o no a los nuestros: operando con unidades infinitas, las posibilidades de vida extraterrestres son también infinitas. Y si los argumentos anteriores son válidos, podemos concluir que en algún lugar del universo existen civilizaciones inteligentes como resultado del proceso evolutivo, dotados de una tecnología tal que es posible que hallan comenzado a explorar el espacio e incluso intentado la comunicación con sus hermanos terráqueos.

Existen dos realidades especiales en el contexto de la vida extraterrestre: la evolución y la adaptación. Ambas son determinantes en el modelado de formas y estructuras biotípicas que varían en grado de complejidad de cero a infinito.

Es, pues, de suma importancia que tanto el exobiólogo como todos nosotros, ampliemos nuestra concepción limitada de la vida, extendiéndola a aquellas otras que por extrañas resulten extrañas para nuestros patrones clásicos.

La existencia de vida

La vida es algo intangible, difícil de definir; sin embargo, está allí y somos capaces de reconocerla cuando la vemos.

La mejora del conocimiento de la Tierra y de los seres vivos que la habitan ha deparado muchas sorpresas: la vida no aparece siempre en la forma en que la conocemos. Existen organismos cuya capacidad de adaptación al medio les convierte casi en extraterrestres en el sentido de que, en condiciones extremas, de carencia de oxígeno, por ejemplo, o de mucha acidez, que son, en principio, letales, consiguen sobrevivir y reproducirse. Son los extremófilos, organismos simples que se adaptan a condiciones límites para la vida.

El río Tinto, en Huelva, es un caso paradigmático: en él sobreviven bacterias que obtienen su energía de las reacciones de oxidación del hierro contenido en el río, abundante en metales pesados nocivos para los seres vivos normales.

La existencia de extremófilos en la Tierra que viven a altas temperaturas, en el fondo del mar, bajo nieves perpetuas, en condiciones de acidez, etc., ha ensanchado el marco para el cual la vida puede existir. Eso no implica que este tipo de organismos no existiera antes; tan sólo que no se conocían y que, debido a ello, se consideraba que en ciertos lugares no podía haber vida. Ahora, en cambio, se utiliza este conocimiento para intentar encontrar vida en otros planetas. Si existen bacterias en el polo norte, ¿por qué no en Marte, donde posiblemente podrían sobrevivir a pesar de su frío clima? Además, el reciente descubrimiento de que quizás exista agua bajo la superficie de este planeta aumenta la probabilidad de encontrar vida en él. El porqué de esta conclusión viene determinado por las condiciones requeridas para la vida.

Para que se considere que existe la vida hay una serie de condicionantes universales. Se parte habitualmente de la premisa de que la vida fuera de la Tierra seguirá las mismas pautas que ha seguido en ella y necesitará de los mismos elementos: un líquido en el que puedan tener lugar las reacciones químicas; un elemento con facilidad para formar compuestos y una fuente de energía. En el origen de nuestro planeta, estos elementos fueron, respectivamente, el agua, el carbono y, como procesos energéticos, descargas eléctricas y radiación ultravioleta principalmente.

Si no se equipararan los requisitos para la vida fuera de la Tierra con los de la vida en ella, la búsqueda sería imposible. No habría ningún principio al que se pudiera aferrar el ser humano en su búsqueda de vida en otros planetas. Es más, de encontrarla, probablemente no la reconocería, puesto que no cabría en su mente la posibilidad de que aquello fuera vida. Por tanto, el hombre se ve impelido a buscar seres semejantes a él, basados en los mismos principios o en otros muy parecidos.

Por ejemplo, en vez de agua se han considerado otros líquidos que se mantienen en ese estado en un amplio abanico de temperaturas y en los que podrían tener lugar reacciones químicas. Entre ellos están el amoníaco y el alcohol metílico, a pesar de que el primero se mantiene líquido a temperaturas bajo cero, probablemente demasiado frías para la existencia de vida.

Como elemento constituyente de vida, en vez de carbono se ha pensado en el silicio, que también forma compuestos con facilidad, aunque en la Tierra esté restringido al mundo inorgánico.

La vida podría darse en otros planetas, en otras galaxias con otras estrellas que les suministraran luz y calor. Pero para buscar vida en lugares tan alejados todavía no disponemos de las herramientas necesarias. Incluso dentro de nuestro sistema solar, determinar qué planetas son susceptibles de estar habitados no es fácil. Se debe considerar su posición respecto del Sol y sus particularidades.

Para que un planeta sea habitable debe cumplir los requisitos mencionados anteriormente. Se excluyen todos aquellos que sean tan pequeños que carezcan de atmósfera y de medio líquido y cuya masa sea insuficiente para poder tener una temperatura superior a la del espacio que les rodea. De todos los cuerpos restantes, parece ser que sólo tres —Marte, Titán y Europa— podrían albergar algún tipo de vida por sus condiciones atmosféricas y la presencia de un medio líquido.

Marte tiene una atmósfera mucho menos densa que la terrestre, compuesta mayoritariamente por anhídrido carbónico. También contiene vapor de agua y oxígeno en cantidades residuales. Se cree que en el pasado pudo haber tenido una atmósfera más densa, con agua en su superficie. Hace poco la NASA ha encontrado indicios de agua subterránea. Respecto a su temperatura, Marte nunca está por encima de los 30 ºC bajo cero. Sus condiciones no parecen ser favorables para la vida. A pesar de ello, recibe mucha radiación ultravioleta procedente del Sol y contiene volcanes, antes activos, lo que implica una gran cantidad de energía que hubiera favorecido la aparición de vida de haber habido agua en estado líquido; una vida de microorganismos podría haberse adaptado progresivamente a los cambios meteorológicos y sobrevivir incluso hoy en día en las condiciones actuales.

Los científicos piensan que bajo el hielo, a pesar de sus condiciones aparentemente nulas para la vida, existe un gran lago donde se podrían encontrar microbios. Para justificar su hipótesis, los científicos buscan en la Tierra hábitats con condiciones parecidas que contengan vida. El proyecto más ambicioso es el de explorar el lago Vostok, que está enterrado bajo cuatro kilómetros de hielo en la Antártida y cuya exploración costaría millones de dólares. En hielo procedente de Alaska, ya se han encontrado bacterias a temperaturas de hasta 20 ºC bajo cero.

Comprender la evolución en la Tierra es vital para determinar si el mismo proceso podría haber tenido lugar en otros lugares del cosmos. La evolución es el mecanismo que produce la diversidad de la vida que conocemos actualmente. En su origen, los sistemas de moléculas empezaron a reproducirse obteniendo la energía de reacciones químicas y del Sol. Durante la primera etapa de su vida, la Tierra estuvo sometida a tantos impactos que parece imposible que la vida pudiera sobrevivir a ellos. La Tierra se formó hace 4.500 millones de años y se piensa que el Sol producía entonces un 30 por ciento menos de calor que actualmente. El hecho de que nuestra estrella no irradiara el mismo calor que ahora hacía que estuviera siempre al límite de convertirse en un planeta envuelto de hielo. A pesar de la dureza del medio, los organismos pioneros no tardaron en surgir. Los primeros fósiles que se pueden reconocer aparecieron hace 3.500 millones de años. La organización de la materia en seres vivos es un proceso complejo que requiere tiempo y unas condiciones determinadas.

Se cree que el paso de una célula simple a un organismo pluricelular ocurrió varias veces, pero no se sabe qué lo originó. Una vez aparecieron los seres vivos, su evolución y la biodiversidad que ha comportado son el resultado de la interacción entre las diferentes especies.

Las especies aprendieron a relacionarse y adaptarse al medio. La inteligencia es, para muchos científicos, la habilidad de adaptarse al mundo que rodea al ser vivo. Si se acepta esta definición, que no relaciona la inteligencia con la capacidad humana de pensar, los seres inteligentes empiezan a proliferar por todas partes: las bacterias, los peces, los animales centenarios como los galápagos... Todos ellos son seres que han estado sometidos a una evolución que, o bien ha mantenido su simplicidad durante años o bien ha aumentado su complejidad, dependiendo de las necesidades del momento. La eficiencia no está determinada por el grado de complejidad. Una ballena, por ejemplo, que es mucho más compleja que una bacteria, al contrario que ésta no puede sobrevivir en condiciones de carencia de oxígeno, mientras que determinadas bacterias no sólo sobreviven sino que proliferan y son capaces de convertir el lugar en su hogar.

La interacción con el entorno, es decir, el intercambio de materia y energía que un ser vivo realiza con el medio, determina su evolución. Sólo los individuos que pueden utilizar el alimento y los medios que tienen a su disposición son capaces de sobrevivir.

Debemos tener en cuenta, pues, que la existencia de vida extraterrestre no puede verse limitada por la fijación en un estereotipo con cualidades humanas e, incluso con frecuencia, sobrehumanas. Porque una célula ya es vida. Esta realidad nos permite esperar encontrar vida en muchos sitios del cosmos. Más allá de nuestra galaxia hay miles de estrellas con planetas girando a su alrededor que desconocemos. En alguna de ellas podrían haberse dado los factores que requiere la aparición de la vida; y si la inteligencia es la capacidad de adaptación al entorno, podemos llegar a la conclusión de que los seres inteligentes pueblan la Tierra y, quizás, el espacio.

Historia y evolución de la astrobiología

Desde el inicio de los tiempos, la idea de la procedencia del hombre, el lugar que ocupa en el cosmos y su destino como individuo y especie, ha sido un punto neurálgico de la filosofía humana.

Las primeras cosmogonías (ideas sobre cómo es y de qué está compuesto el cosmos) surgen en un marco geocéntrico y antropomórfico; es decir, en momentos en que el hombre se considera el más importante representante en el contexto planetario, sino el único. Y al mismo tiempo que Copérnico examina la tierra considerándola el centro del universo, Darwin rebate la privilegiada posición del hombre en el mundo cuando expone su teoría de la evolución.

Gracias a los avances de la ciencia, el denominado *homo mensurai*, u hombre medida de todas las cosas, deja de verse como tal. A partir de 1915, con el aporte brindado por la astronomía óptica, y más tarde con la ayuda de los poderosos telescopios, se inicia un proceso de apertura mental capaz de admitir la posibilidad de vida extraterrestre. Y es en el año 1950 cuando surgen por vez primera la exobiología y la astrobiología, su hermana gemela en la antigua URSS.

Los científicos que estudian el origen del hombre en la Tierra comenzaron en una primera parte del siglo XX basándose en los escritos de Alexander Ivanovich Oparin y J. B. S. Haldane. El área de trabajo experimental en este campo fue iniciado en 1953 por Stanley Miller y Harold Urey, quienes hicieron una mezcla de gases simulando la atmósfera de la Tierra a través de una chispa eléctrica designada a imitar la electricidad (como lo eran los truenos y relámpagos).

Estos experimentos, usando metano, amoniaco, hidrógeno y agua, produjeron aminoácidos y otras plausibles moléculas prebióticas en una producción sorprendentemente buena.

El *homo mensurai* del que hablábamos antes se convirtió en *homo protocósmico* en el siglo XX, cuando ingresa en la Era Espacial un 4 de octubre de 1957 con el lanzamiento del primer satélite artificial. Entonces se amplía su cosmovisión y surge como ciudadano estelar, consciente de su carácter infinitesimal y trascendente a la vez, como pieza del gran engranaje cósmico.

El hecho de tener en cuenta todos los espacios interestelares conduce al hombre a un proceso muy complejo de maduración mental. Se produce entonces una transformación radical en las viejas teorías heliocéntricas (que considera al Sol como centro de los planetas del universo) y surgen un conjunto de «ciencias nuevas» como respuesta al estímulo cultural de una nueva época. Si imaginamos a la evolución humana como un espiral, en que cada vuelta repite la misma necesidad de asegurar la subsistencia en un nivel superior, descubrimos que estas ciencias nuevas constituyen un valor de adaptación a la era espacial.

Estas ciencias, en particular la exobiología, consideradas antiguamente como charlatanería pseudocientífica o simplemente como ciencia-ficción, son elevadas a la categoría de ciencias no sólo por el perfeccionamiento de los métodos de observación y análisis, sino también por un clima de maduración mental del hombre, de aceptación de lo que *a priori* no puede explicar empíricamente.

Por ejemplo, hace treinta años ningún científico se atrevía a considerar públicamente las posibilidades de vida en otras biosferas planetarias. Los que en el pasado habían defendido tales posibilidades aparecieron en los registros históricos como alucinados, locos, ocultistas o peligrosos herejes. Giordano Bruno y Camille Flammarion constituyen ejemplos aislados de lo que hemos expuesto.

Autores como Charroux, Daniken, Kolosimo, Chatelain, etc., popularizaron hace ya algunas décadas la teoría de una intervención extraterrestre en tiempos remotos. Aunque la astrobiología haya sido repudiada por la ciencia oficial, no han faltado quienes desde sus filas hayan reconocido la posibilidad de tan revolucionaria teoría. Por ejemplo, el Premio Nobel Francis Crick, que aún sabiendo que podía caer en desgracia elaboró la teoría de la «panspermia dirigida».

Cómo la vida apareció y sobrevivió en la Tierra, si existe la posibilidad de que haya vida en otros lugares y de qué modo esta se podría encontrar y reconocer son las tres preguntas claves en astrobiología. En 1998, la NASA creó el *Astrobiology Institute*, que ha sido determinante en la consolidación de esta nueva ciencia. Pero, por desgracia, la búsqueda de vida extraterrestre ha sido banalizada con tanta frecuencia que la gente suele oscilar entre un completo escepticismo y la credulidad más absoluta. Probablemente, de conocer que las condiciones que requiere la vida no son, en absoluto, frecuentes en el espacio y que la vida que mejor puede adaptarse a un medio inhóspito no es, precisamente, el ser humano u otros seres análogos a él, sino los organismos más sencillos, la visión que se tendría de los posibles seres extraterrestres divergiría mucho de la actual.

El estudio de los visitantes extraterrestres

El estudio de las apariciones misteriosas de los fenómenos llamados OVNI (o UFO, en inglés) data de los años posteriores a la Segunda Guerra Mundial. Entonces se atribuyó la aparición de Objetos Voladores No Identificados a curiosidades metereológicas o sondas espaciales de espionaje entre las grandes potencias. Finalmente, en nuestros días el consenso social ha optado por creer que se trata de astronaves producto de una desarrolladísima tecnología extraterrestre.

Los OVNIs comenzaron a ser vistos a partir de los años cincuenta del pasado siglo XX a cualquier hora y en cualquier sitio, y las pantallas de radar registraban su paso y sus insólitas evoluciones. Desde todos los puntos del planeta llegaban noticias de avistamientos y «contactos» con extraterrestres. La obra de Aime Michel *Misteriosos Objetos Celestes*, publicada en Francia en 1958, sirvió de base para los estudios del fenómeno OVNI, que hoy se han reproducido en enorme escala.

En un principio los OVNIs eran objetos temidos por su carácter desconocido. Sin embargo, hoy en día son deseados y admirados por gran cantidad de personas, que colocan sus expectativas en cultos y sectas que giran alrededor del «Mensaje de los OVNIs». Esto responde al deseo del ser humano de encontrar algo que dé sentido a su vida, un ser superior al que admirar y en quien confiar. Es, de hecho, el mismo tipo de reacción que ha generado la existencia y el culto a las religiones que han surgido a lo largo de la Historia.

Dadas, pues, las expectativas que ha puesto la gente, alrededor del fenómeno OVNI han surgido toda una serie de informaciones falsas o poco veraces y apariciones que parecen básicamente negocios, como el marciano hallado en Roswell. Y es que se trata de un tema que merece ser investigado por especialistas, pero podemos asegurar que la mayoría de esas agrupaciones giran alrededor de embaucadores que engañan a sus seguidores con los mensajes que supuestamente reciben por telepatía o al haber sido abducidos, algo que obviamente no se puede demostrar.

Podemos citar el grupo Mark-Age, que gira alrededor de los mensajes vía médium, de supuestos «maestros superiores» y de Sananda, verdadero nombre de nada menos que Jesucristo, según sus mensajes espiritistas.

El rostro descubierto en Marte

Uno de los casos reconocidos de experiencias paranormales es el del rostro que fue descubierto en el denominado planeta rojo. El 31 de julio de 1976, la nave *Viking I* fotografió un misterioso rostro gigante en el suelo de Marte. Esta foto fue guardada en los archivos de la NASA y dos expertos en computación lograron darle mayor claridad a lo que mostraba la imagen. Apareció entonces ante sus ojos un rostro humano en el que claramente se distinguían ojos, nariz, boca y línea de cabello. Todo eso se hallaba en una extensión de alrededor de un kilómetro y medio. El rostro presenta una forma tan bien acabada que parece incluso reconocerse los rasgos de un rostro femenino que sobre la frente lleva una especie de diadema o corona.

A este fenómeno se puede añadir la pérdida que sufrieron los soviéticos de la nave espacial automática *Phobos II* en el año 1989. La nave perdió totalmente la comunicación y los responsables de la agencia espacial soviética tuvieron que salir a dar explicaciones por los millones de rublos perdidos. Pero también se vieron obligados a explicar la misteriosa aparición de siluetas elípticas de gran tamaño que habían sido registradas por las cámaras fotográficas de la sonda segundos antes de su misteriosa desaparición. Curiosamente, los soviéticos han tenido éxitos continuados con el planeta Venus, al contrario de lo que ocurre con Marte. El planeta rojo se les había resistido en casi todos los intentos precedentes, nada menos que dieciséis. Uno de los objetivos de la *Phobos II* era «repasar» la zona del extraño rostro y de la pirámide, pero no se pudo realizar, igual que no fue posible dar una explicación razonable a la aparición de las figuras misteriosas.

Contactos con extraterrestres a lo largo de la historia

Los contactos con seres procedentes de otros planetas han sido frecuentes a lo largo de la Historia del hombre. Algunos han sido atribuidos a seres extraterrestres y otros simplemente han pasado a formar parte de los hechos inexplicables. Éstos son los encuentros más destacados, que han sido contrastados por diversas fuentes:

— La sorprendente «siflala» es una colección de escrituras caldeas que datan de nada menos que siete mil años antes de nuestros días. El dato, una vez descifrado, resulta casi increíble porque contiene instrucciones exactas para la construcción de lo que llamamos hoy un «platillo volante». Incluye también informaciones sobre ángulos de aterrizaje, estabilidad en el aire, indicadores de cristal y equilibrio. Se indica además que las superficies de los cristales cambiaban de color durante el vuelo, un fenómeno observado por casi todas las personas que han visto OVNIs actualmente.

— En China, tenemos constancia por los textos que nos han llegado de que el pueblo de los Miao perdió el poder de volar y fueron proscritos por el «Señor de lo Alto», en el año 2400 a.C.

— Hace cuatro mil doscientos años, el emperador Tschón, que reinaba en aquella época en China, consiguió de un invitado de honor, un «extraterrestre», los planos y la enseñanza técnica que le permitieron construirse un «vehículo volador», en el cual hizo viajes al espacio.

— El año 2346 a.C. aparecieron diez soles en China, durante el reinado del emperador Yao.

— Un soberano japonés recibió el año 2000 a.C. en Kyushu a siete Discos del Sol.

— En el año 2000 a.C., Minos de Creta recibió leyes de Zeus en el Monte de Ida.

— Un dibujo encontrado en una cueva de Uzbekistán, en la frontera de China con Rusia, que data del año 2000 a.C., muestra el movimiento de elevación de un OVNI.

— Las míticas ciudades de Sodoma y Gomorra fueron destruidas en el año 1950 a.C. por lo que llamaron «ángeles». En la actualidad, en esa zona se hallaron restos de una explosión nuclear.

— En el año 1500 a.C. unos extraños círculos de fuego se aparecieron al faraón Tutmosis III.

— En el reino de Babilonia, en el año 800 a.C., Salmanasar II es acompañado por «consejeros alados».

— En el año 850 a.C. Elías habló con el «Señor» y fue transportado al cielo en un torbellino.

— Uno de los fundadores de Roma, Rómulo, fue transportado a los cielos en una nube en el año 716 a.C.

— En el año 670 a.C. se produjo el aniquilamiento del ejército de Senaquerib por el «ángel» del Señor.

— El año 640 a.C. Tulio Hostillo murió por un fuego procedente del cielo.

— En 593 a.C. se produjo la visión de Ezequiel de una «Rueda del Espacio» cerca de Babilonia.

— Durante el imperio de Pertinax, en el año 192 d.C., Roma fue visitada por un globo-disco.

— En la Edad Media, según afirma San Gregorio de Tours en su *Historia Francorum*, un globo muy luminoso sobrevoló el territorio de Francia.

— El año 810 d.C. el emperador Carlomagno vio descender un globo brillante. Su secretario, Eginardo, en su libro-diario explica que, cabalgando un día del año 810 Carlomagno hacia Aquisgrán, se vio un gran globo descender del cielo vertiginosamente y luego dirigirse de repente hacia Occidente.

— En el año 814 aterrizó, tal como relata el obispo Agobardus, una «nave envuelta en una nube con cuatro personas» ante la ciudad de Lyón. Estos visitantes, llegados de un modo extraño, lograron escaparse de no ser agredidos por la multitud enloquecida.

— En la Edad Media son abundantes los relatos de avistamientos. El año 1344, en la Villa de Feldkirch, Austria, cerca de la frontera con la colonia suiza, «un tronco envuelto en llamas» cayó sobre la plaza del mercado y, después de reposar allí un rato, se levantó y, en su vuelo en las alturas, desapareció de la vista de la gente.

— En el año 1492 un «disco volador» acompañó a Colón en su expedición que permitió el descubrimiento de América, según citan diversas fuentes.

— En el siglo XVIII encontramos una narración directa sobre un hombre procedente de otro planeta que descendió de una nave voladora. El hecho se registró en 1790 en la localidad francesa de Alencon, y varios informes de la época lo recogen. En resumen, el texto dice lo siguiente: «Un enorme globo envuelto en llamas se posó en la cima de una colina. Un hombre vestido con un atuendo muy ceñido salió del mismo y se perdió en los bosques cercanos. Cuando los campesinos acudieron a comprobar el extraño fenómeno, el globo estalló silenciosamente ante ellos, sin dejar rastro ninguno».

— En el año 1903, recién estrenado el siglo XX, cayó un artefacto en plena Siberia.

— En el año 1908 ocurrió en el Estado de Alabama (Estados Unidos) la gran explosión de diez megatones que arrasó 2.200 kilómetros sin que se hallara ningún rastro de meteorito.

— En la tristemente famosa ciudad de Hiroshima, en el año 1945, se avistó una gran cantidad de ovnis.

— En 1978 se produjo uno de los más intensos períodos de apariciones de ovnis en la historia de Australia. Una gran parte de los avistamientos se concentró en la parte sudeste del continente y en particular en la zona de Brass Strait. En el mes de octubre de ese año se produjo un caso que resultó muy interesante porque fue confirmado por muchos testigos y por las especiales circunstancias del informe presentado por su protagonista. Lamentablemente también fue trágico, pues casi con seguridad causó su muerte. Un objeto centelleante, verde, en forma de estrella de mar, fue avistado sobre Brass Strait el día en el que Frederick Valentich y su avión Cesna 182 desaparecieron.

— En la actualidad son muchas y muy variadas las historias sobre avistamientos de ovnis. Por poner un curioso ejemplo, en Long Island, Nueva York, el grupo denominado *UFO Network Inc.* (Red de Ovnis) describió un caso de investigación en el que supuestamente un ovni se estrelló en noviembre de 1992 en el condado de Suffolk. El grupo *UFO Network* ha mostrado un filme en el que se desarrolla una escena del impacto tomada por un miembro del departamento de bomberos. Estos últimos acudieron al lugar debido a una llamada que hizo un particular.

Crononautas: Los viajeros del tiempo y el espacio

Una de las hipótesis para explicar el misterioso fenómeno OVNI es la denominada «Hipótesis Temporal» o de los «viajeros del tiempo». Estos viajeros se conocen como crononautas, y las teorías sobre ellos aseguran que las inteligencias alienígenas que dirigen los ovnis serían nuestros descendientes viajando a su pasado. Naturalmente, se trata de mera especulación, aunque una serie de experimentos y teorías apuntan hacia esa posibilidad tan inquietante como interesante.

Los estudiosos del fenómeno OVNI saben que la tecnología que se oculta tras él es capaz de burlar nuestras coordenadas espacio-temporales. Tal y como señaló el padre de la ufología moderna, Joseph Allen Hynek, el 45 por ciento de los avistamientos cesan de forma súbita, como si el Objeto Volante No Identificado se hubiera desmaterializado, abandonando nuestro universo para desplazarse hacia una realidad paralela o tal vez hacia otro tiempo.

Tampoco conviene olvidar que, aunque la tecnología que parece encontrarse detrás de los ovnis es inexplicable, algunos de sus aspectos nos hacen recordar que esa tecnología tiene muchas similitudes con la actual. La tecnología del futuro, tal y como la describen en sus obras autores como Arthur C. Clarke (artífice de la novela 2001, una Odisea Espacial), puede parecernos mágica gran parte de los mecanismos de los ovnis son teóricamente posibles con un superior desarrollo de nuestra actual tecnología.

Historia y fundamentos científicos de los viajes en el tiempo

Una de las novelas más importantes e influyentes del género de la ciencia-ficción es *The Time Machine* (La Máquina del Tiempo), que publicó en 1895, al comienzo de su carrera como novelista, el periodista y sociólogo inglés Herbert George Wells (1866-1946). En ella Wells decía: «El hombre civilizado puede vencer la gravedad utilizando globos, ¿por qué no le sería entonces posible también detener o acelerar su fluir por la dimensión temporal, o incluso revertirlo y viajar hacia atrás en ella?»

Cien años después de la aparición de la novela, el ser humano ha logrado vencer a la gravedad no sólo mediante globos sino con máquinas que pesan cientos de toneladas. El enigma se cierne ahora sobre la dimensión temporal: consiste en averiguar si las leyes de la física, tal como se las conoce en el presente, admiten la posibilidad de construir máquinas del tiempo similares en algo a las aparecidas en la fantasía de Wells.

La teoría que permite acercarse a conseguir una respuesta a la pregunta de Wells es la de la Relatividad General, enunciada por Albert Einstein apenas veinte años después de la publicación de la primera edición de *The Time Machine*. La Teoría General de la Relatividad indica que los cuerpos con masa distorsionan la estructura geométrica del espacio-tiempo. Cabe plantearse si es posible que esa distorsión sea tan pronunciada como para permitir que partículas materiales lleguen a retroceder en el tiempo.

Einstein revolucionó el mundo de las ciencias al defender que la estructura geométrica del espacio y del tiempo no es absoluta sino que está determinada por la distribución de masa y energía existente en el universo. Esto significa que la distancia entre dos puntos del espacio-tiempo es alterada por la presencia de cuerpos con masa o energía. Lo que aún desconocemos es si esta alteración puede resultar suficiente para que al recorrer una pequeña distancia en un tiempo corto de acuerdo con nuestro reloj podamos alcanzar puntos que están muy alejados, tanto en el espacio como en el tiempo; es decir, que el tiempo se distorsione hasta el extremo de que podamos alcanzar nuestro pasado.

Los científicos estuvieron muchos años tratando de encontrar respuestas a estas preguntas. Sin saberlo, el astrofísico alemán Karl Schwarzschild dio el primer paso en esta dirección en 1916. Schwarzschild desarrolló una solución para estas ecuaciones que envió al propio Einstein, quien la comunicó a la Academia en nombre de Schwarzschild. Cuatro meses más tarde este último murió, sin conocer la riqueza del sistema físico descrito por la solución que ahora lleva su nombre.

La solución de Schwarzschild define la curvatura del espacio-tiempo en las proximidades de un cuerpo compacto como, por ejemplo, una estrella. Esta solución permitió calcular cuánto se desviarían de la trayectoria rectilínea los rayos de luz provenientes de estrellas lejanas al pasar cerca del Sol como consecuencia de la curvatura que éste causa en el espacio-tiempo que lo rodea. En 1919, dos expediciones inglesas, una a África Occidental y otra a Brasil, proporcionaron la primera verificación de la solución de Schwarzschild a las ecuaciones de Einstein. Durante el eclipse total de Sol del 19 de mayo de 1919, los exploradores llevaron a cabo mediciones que mostraron que las posiciones de las estrellas inmediatamente vecinas al disco solar aparecían desplazadas respecto de la posición que mostraban en ausencia del astro.

La solución de Schwarzschild también incluye otras predicciones que inicialmente pasaron casi inadvertidas sobre los agujeros negros. Sus teorías fueron revisadas en 1960 por Martin Kruskal y otros científicos utilizando un nuevo sistema de coordenadas que incluye al anterior mediante un procedimiento matemático llamado extensión analítica. Así lograron demostrar que la solución de

Schwarzschild no representa a un único universo sino a dos: uno es el principal, donde residimos nosotros, y otro, inaccesible, es el secundario, separado del primero por la existencia de la singularidad y aislado del mismo por un horizonte de eventos. La ubicación del horizonte y sus propiedades no habían sido estudiadas durante las primeras etapas del desarrollo de la Relatividad General.

Utilizando las coordenadas de Kruskal, resultó posible demostrar que ningún objeto que se desplace a velocidades menores que la de la luz puede evitar caer en la singularidad antes de alcanzar el universo secundario. Aunque existe un «puente» conectando ambos universos (llamado puente de Einstein-Rosen), el problema es que evoluciona con el tiempo de forma que se cierra sobre sí mismo antes de que cualquier objeto pueda atravesarlo. A pesar de eso, el descubrimiento de estas nuevas propiedades de la solución de Schwarzschild despertó el interés en el estudio de estructuras que presenten puentes o túneles que se puedan atravesar para unir distintas regiones del espacio-tiempo.

Por lo que respecta a los viajes en el tiempo, desde el punto de vista de la Relatividad Especial, es factible viajar hacia el futuro utilizando el fenómeno de dilatación temporal que esta teoría predice. Se trata de una teoría difícil de entender para el profano en la materia, pero podemos decir que ha sido confirmada de muchas maneras como, por ejemplo, observando la propagación de partículas subatómicas que generalmente viajan a velocidades cercanas a la de la luz. Esto se conoce desde la década de 1910, cuando en una serie de vuelos en globo, Víctor Hess descubrió que la Tierra se encuentra inmersa en un mar de radiación cósmica.

El efecto de dilatación temporal podría, como decíamos, ser utilizado para facilitar el viaje de seres humanos hacia el futuro, y actualmente se investiga en el desarrollo de naves cuyas velocidades se aproximen a la de la luz.

Paradojas generadas por los viajes en el tiempo

Los viajes en el tiempo plantean una serie de paradojas que algunos estudiosos han definido como:

— Paradojas de consistencia: son las que provocan que el viajero pueda actuar sobre el pasado cambiándolo. Se crean paradojas del tipo «el viajero mata a su madre antes de que él mismo nazca».

— Paradojas de creación a partir de la nada: el viajero vuelve al pasado con algún objeto que aún no se ha hecho; por ejemplo, una estatua que el escultor creará en el futuro. Por eso ya no es necesario realizarla, puesto que está en nuestro poder. Pero alguien ha tenido que hacerla, y si no fue el escultor, surge la paradoja sobre el autor de la obra.

Ante la existencia de estos problemas, se han propuesto varias respuestas o conjeturas:

— Conjetura radical: sostiene que la física debe reescribirse por completo para contemplar la posibilidad práctica de que se realicen viajes en el tiempo.

— Conjetura de consistencia de Igor Novikov: contempla la posibilidad de que se realicen viajes en el tiempo, pero no es posible modificar lo que ya ha sucedido en la historia del universo. Por tanto, si el viajero fuera a matar a su padre en un instante previo a su nacimiento, esta conjetura obligaría a que el intento fracasara.

— Conjetura de protección cronológica de Stephen Hawking: parte de que los viajes en el tiempo no son posibles. Para elaborar esta conjetura, Hawking se apoyó en la observación de que no hay evidencia de turistas del futuro. Sin embargo, esta afirmación fue objetada por otro científico, Thorne, quien probó que:

- Las máquinas del tiempo no permiten viajes a tiempos anteriores al de su creación.
- Hasta el día de hoy, no se ha construido ninguna máquina del tiempo.

Según Thorne, el viaje a través del tiempo es posible en el universo. El científico ruso Igor Novikov está de acuerdo con eso, y declaró recientemente que «el desarrollo teórico de la máquina del tiempo puede estar listo en veinte o treinta años, pero la tecnología para construirla quizá tarde en llegar cien años». Si la previsión de Novikov llegara a concretarse, en un futuro podríamos ser capaces de visitar a nuestros ancestros y nosotros mismos seríamos los tripulantes de los ovnis.

El tiempo inmóvil

Según hemos visto, el análisis científico de muchos fenómenos de la naturaleza ha demostrado que el tiempo, que es una medida relativa creada por el ser humano, puede presentar casos excepcionales. El fenómeno OVNI forma parte de ellos. A lo largo de la historia se han producido casos como el de cuatro jóvenes que en el año 1991 viajaban en coche desde Embid a La Manlanquilla, en la provincia de Zaragoza, cuando se toparon con un extrañísimo objeto compuesto por cuatro luces que desaparecieron súbitamente. Lo más curioso es que los testigos detectaron que, después de ver las luces, sus relojes se habían atrasado dos minutos, incluso el del coche.

Está comprobado que en algunas experiencias relacionadas con ovnis el tiempo se altera. Uno de los casos más sorprendentes es el protagonizado por el chileno Armando

Valdés, que en 1977, muy cerca de Arica, en Chile, fue impulsado por una fuerza invisible al interior de un objeto desapareciendo ante seis militares que quince minutos después lo vieron surgir de nuevo. Lo más curioso es que el calendario de su reloj se había adelantado cinco días y Armando mostraba barba de una semana.

Otro caso sorprendente es el de Pedro Mateo Calvete, que recientemente narraba a la revista *Año/cero* que hace treinta años viajaba rumbo al aeropuerto de Barcelona por la autopista que va hacia Zaragoza cuando un objeto esférico y plateado sobrevoló su coche, a plena luz del día, sin que nadie pareciera inmutarse. Pero sus sorpresas no acabaron ahí, ya que cuando llegó al aeropuerto pensó que había perdido su vuelo. Sin embargo, su avión no había despegado; aún faltaba una hora para su partida. El tiempo se había alterado de forma incomprensible.

El investigador catalán Pedro Valverde Tort manifestó en una reunión de ufólogos la probabilidad de que el fenómeno fuera atemporal. A raíz de aquella reunión surgió el llamado Proyecto Delfos, que dio lugar a un escrito firmado por diversos investigadores donde aseguraban que «el fenómeno es una manifestación más de las múltiples facetas de un plano de existencia o universo oculto, extraño a nuestro mundo material sujeto a las leyes del espacio-tiempo».

A los ovnis, pues, parece no afectarles el concepto del tiempo. Ellos se han manifestado a lo largo de nuestra historia de forma siempre similar, como si la humanidad se acercara en su desarrollo a la tecnología que expresa el fenómeno.

Withley Strieber, el autor de Communion, escribía que «es perfectamente posible que los ovnis provengan del futuro, de nuestro psiquismo y de otro mundo, todo al mismo tiempo, aunque parezca una contradicción». Señalaba, además, que la evolución de nuestra especie parecía encaminada a ser muy similar a la que se manifiesta tras el fenómeno. En esta línea, casi metafísica, se expresaba el investigador cubano afincado en Barcelona, Manuel Figueroa, para quien este tipo de entidades podrían ser «recuerdos del futuro, imágenes reflejadas en el espejo de nuestra ilusión».

Teniendo estas conclusiones podemos preguntarnos si los ovnis son viajeros de un tiempo futuro.

Desplazamientos sin registrar

Son los denominados teletransportes. Casos como el ocurrido en el año 1990: Roser Castellví se encontraba circulando en su coche cerca de Villafranca, en la provincia de Tarragona, cuando al pasar bajo un puente apareció de repente varios kilómetros más adelante. Apenas dos meses después, José Miguel Martínez, Lola Monreal y Javier Vidal regresaban desde Monserrat a Barcelona y pasaron sin darse cuenta de un extremo al otro de la ciudad.

Otro caso reseñable es el de Manuel Cortés, un hombre de negocios castellonense que en enero de 1989, regresaba desde Madrid a su domicilio en Castellón cuando de repente y sin notar ningún movimiento extraño se encontró en Oropesa, unos cuantos kilómetros más allá de Castellón. Igualmente, su cuentakilómetros no registraba el cambio de destino, se mantenía igual.

La publicación especializada en física *Physical Review Letters* publicó recientemente un exhaustivo trabajo de seis científicos de los laboratorios IBM en el que demostraban teóricamente que la teletransportación podría ser un hecho científico controlable a largo plazo. La clave podría estar, según algunos expertos, en ciertas condiciones especiales que provocan que en lugares determinados se abran con frecuencia «grietas» en el espacio-tiempo. Además, en numerosos casos las teletransportaciones vienen asociadas a avistamientos de ovnis.

Jenny Randles afirma en su obra *Time Travel* que inmediatamente antes de estos «viajes» aparece una misteriosa niebla. En Bahía Blanca, Argentina, las teletransportaciones de este tipo resultan habituales. En 1959, un hombre de negocios bonaerense vio cómo una extraña niebla caía sobre su auto y apareció inconsciente en Salta, a unos mil kilómetros de Bahía Blanca. Su coche, sin embargo, apareció muy cerca del hotel en el que había pasado la noche.

También proliferan entre la población de a pie los relatos de casos de abducciones. En Bebedouro, Brasil, se produjo en 1989 la misteriosa desaparición de José Antonio da Silva, que según narra fue conducido violentamente al interior de un ovni. Cuando la experiencia, que él considera terrible, finaliza, José Antonio se dio cuenta de que habían transcurrido más de cuatro días, cuando creía que sólo habían pasado unas horas.

En 1951, Mario Restier, un niño de Río de Janeiro, una de las principales ciudades de Brasil, fue abducido, y al llegar a casa se dio cuenta de que habían transcurrido cuatro meses cuando él creía que había estado fuera tres días.

Otras personas que han dado a conocer sus nombres como supuestos crononautas son Preston Nichols, Duncan Cameron y Alfred Bielek. Todos ellos afirman que han viajado en varias ocasiones a través del tiempo como parte de los equipos que participaron en el famoso experimento Filadelfia (supuestamente realizado en 1943), y en su presunta continuación en el experimento Montauk en 1983. Uno de los datos más interesantes del caso es que en dichos viajes los crononautas cuentan que llegaron hasta el año 2012, donde se encontraron con una barrera infranqueable. Algo similar ha pasado con otro equipo de crononautas, Dezeraie Stuart, Peter Savage y Thomas Lancaster, que en sus viajes por el tiempo dicen haberse encontrado con un gran desastre ocurrido entre los años 2010 y 2015.

En busca de respuestas

Esta serie de saltos espacio-temporales nos hacen presuponer que en ciertos lugares del planeta y bajo ciertas condiciones aún no determinadas se abren algo parecido a «túneles-gusano», una especie de «puertas» para los futuros crononautas. La científica Jenny Randles señala que «los testigos de teletransportación sufren efectos físicos tras los casos que denotan que han estado sometidos a intensos campos energéticos».

Aunque la hipótesis extraterrestre sigue siendo la que más convence a la comunidad ufológica, hay quien piensa que no vivimos en un universo, sino en un multiverso; es decir, que coexisten diversas realidades paralelas accesibles sólo mediante el dominio de las citadas coordenadas espacio-temporales.

Lo que sí podemos constatar sobre estos fenómenos es el dominio del tiempo que poseen, que podría deberse a que seamos los humanos en un futuro. Esta hipótesis sería la que mejor respuesta tendría a una de las cuestiones más tópicas sobre el extraño comportamiento de los seres extraterrestres: su ausencia de contacto con los humanos. Si los tripulantes de los ovnis fueran crononautas procedentes de nuestro propio futuro no querrían provocar un desorden en el desarrollo de la Historia, algo que nos afectaría tanto a nosotros como a ellos. Sin embargo, está claro que estas entidades han intervenido en el curso de nuestra Historia.

El decano de la ufología española, Antonio Ribera, señala que «muchos biólogos y antropólogos están de acuerdo en que el hombre del futuro tendrá un gran desarrollo encefálico junto a un escaso desarrollo físico y muscular, lo que encajaría perfectamente con la tipología de los humanoides asociados a las abducciones», los episodios que precisamente mayor número de distorsiones temporales reportan. Esta hipótesis también explicaría la perfecta comunicación entre humanos y tripulantes de ovnis que se han dado en algunos casos. El más espectacular de ellos es el del niño sordomudo de cinco años William Ortiz, abducido en 1950 en Colombia. William declaró que se había comunicado con sus «captores» no sólo de forma telepática sino también mediante gestos, con el sistema de los sordomudos.

Algunos investigadores han querido ir aún más lejos en sus suposiciones que muchos considerarían fantásticas. Han sugerido que los responsables de las abducciones podrían formar parte de un proyecto que tuviera como objetivo el aislar o eliminar algún mal que afectara a la especie humana. Por eso dicen que una de las características más propias de estos casos son los exhaustivos chequeos médicos a los que son sometidos los abducidos. Los crononautas podrían ser los responsables científicos del futuro, y estarían tratando de detener o evitar un mal o enfermedad que les estuviera afectando en su tiempo.

Y es que el motivo de las visitas de ovnis o crononautas es una de las grandes incógnitas para quienes los estudian. Varias hipótesis han tratado de encontrar una explicación. La más comúnmente aceptada ya que cuenta con una de mayor difusión es la que sugiere que el planeta Tierra podría estar devastado en el futuro o en manos de mandos equivocados. Los crononautas nos visitarían en ese caso para arreglar con su presencia, siempre amistosa, el futuro. Esta hipótesis la han recogido multitud de novelas y películas de ciencia-ficción. Una segunda opción, que de hecho no excluye a la primera, es la simple curiosidad; no hay más que plantearse cuánto tardarían en usar esa capacidad los arqueólogos de hoy en día si dispusieran de ella. Por necesidad, prevención o simple curiosidad, los viajeros de otros tiempos y espacios nos visitan para explicarnos todo lo que no conocemos ni podemos imaginar.

Capítulo II

LOS GRANDES CONSTRUCTORES DEL PASADO

Indiscutiblemente, uno de los enigmas más misteriosos de nuestra historia es la construcción de todo tipo de estructuras que, en principio, era imposible erigir en épocas en las que no se conocían los avances que hoy en día facilitan su consecución. Muchas son las preguntas que los investigadores se han hecho durante siglos al respecto, y también muchas las teorías que se han elaborado para intentar explicar lo que a menudo es inexplicable. En este capítulo nos centraremos en las grandes construcciones que aún hoy en día podemos apreciar por todo el globo, vestigios de culturas desaparecidas que nos dejaron como legado sus edificios o construcciones como misterioso testamento que seguimos intentando descifrar.

El mayor misterio sobre los monumentos megalíticos es el de su construcción, pues, más o menos, se ha podido descubrir la utilidad de los mismos o al menos su función, en algunos casos meramente estética. ¿Pero cómo levantaron aquellas civilizaciones primitivas semejantes monumentos? La imaginación popular resolvió la incógnita apelando como siempre a seres sobrenaturales, ya fueran estos dioses, gigantes, brujas o demonios.

Entre estos se hallaban también los cíclopes, míticos gigantes de un solo ojo, cuya legendaria intervención en la construcción de megalitos dio origen a la denominación de «arquitectura ciclópea», que en un principio se aplicó a las construcciones realizadas con grandes bloques de piedra sin desbastar. Más tarde se acuñó el término «megalítico» para designar únicamente la categoría de dólmenes y menhires, y el término ciclópeo se reservó para designar aquella arquitectura, algo posterior, que también utilizaba grandes bloques de piedra sin pulir, pero dispuestos en hileras, una encima de la otra, obteniendo así una estructura más compleja que la de los megalitos. Por la geografía mediterránea encontramos buenos ejemplos de construcciones ciclópeas, como la naveta d'Es Tudons en Menorca, o la muralla iberorromana de Tarragona.

Por megalito ha de entenderse aquella estructura de piedra trabajada por el hombre y dispuesta en el terreno con una intención determinada. Entre estos, los más abundantes son los llamados menhires, megalitos dispuestos de manera vertical. Los dólmenes se componen de tres menhires, dos en vertical y otro horizontal sobre estos, formando algo parecido a un portal de piedra.

Evidentemente, suponía muchos menos problemas técnicos levantar un menhir que construir un dolmen, pero aun así, teniendo en cuenta que algunos de estos menhires sobrepasan ampliamente los siete metros y su peso se acerca a las cien toneladas, hay que reconocer que la operación, como mínimo en estos casos, no debía de ser sencilla. Era preciso entonces una sofisticada técnica, así como una gran coordinación, para llevarla a cabo. Si a eso sumamos que en el Neolítico los pueblos que vivían en la Europa occidental poseían un nivel de civilización bajo, tenemos un misterio servido. Aquellas gentes seguían practicando la caza, la pesca y la recolección de frutos y mariscos para sobrevivir y perpetuar la especie. La agricultura y el pastoreo todavía se hallaban en un estado primitivo y en la mayoría de los casos sus moradas seguían siendo cuevas naturales, si bien ya comenzaban a levantar pequeñas chozas de piedra o de madera. El material más empleado para la obtención de la mayoría de sus herramientas seguía siendo la piedra, aunque en los últimos años del período Neolítico empezó a utilizarse el bronce. Los recipientes de cerámica comenzaban a generalizarse en medio de los ya tradicionales de madera o de piel. En definitiva, el hombre de la Europa occidental estaba en plena fase de organización social y en posesión de una técnica que, según todos los datos recopilados hasta la fecha, no era lo suficientemente evolucionada como para que le permitiese llevar a cabo la compleja tarea de levantar los megalitos.

Para levantar un gran menhir con la técnica más rudimentaria, dejando a un lado la más que improbable ayuda de dioses, cíclopes o gigantes, era imprescindible construir un plano inclinado y hacer subir el menhir por él mediante rodillos y mucha fuerza bruta. Después era preciso hacerlo bascular de tal forma que su extremo inferior fuese a caer en el agujero que había sido abierto al final del plano inclinado y allí se apuntalara, tras lo cual se estabilizaba tirando de él hasta la posición adecuada y sin que volviera a caerse. Acabada la tarea, se llenaba de tierra el agujero y así se aseguraba la estabilidad.

Todo este proceso hace albergar muchas dudas razonables. Por ejemplo, ¿cómo colocar el bloque de piedra sobre los rodillos, evitando al mismo tiempo que éstos se clavasen en el suelo bajo el enorme peso que soportaban? Para resolver este primer acertijo tenemos que echar mano de un sistema de palancas mediante el cual, colocadas en los bordes del bloque y accionadas simultáneamente, podría haber permitido elevar el bloque lo suficiente como para deslizar debajo de él los rodillos. Otro método consistiría en desplazar lateralmente el bloque de piedra mediante las palancas hasta situarlo encima de los rodillos.

La segunda respuesta a la pregunta, cómo evitar que los rodillos se hundieran en el suelo, surge si suponemos la construcción de algún tipo de calzada resistente, con losas yuxtapuestas, pongamos por caso, o de troncos de árbol dispuestos longitudinalmente, a modo de primitivos raíles.

Si pensamos en esta operación con una mole de un gran menhir de piedra, de más de quince metros de altura y un peso que superara las doscientas toneladas, nos daremos cuenta de la tremenda dificultad que tal obra debió de entrañar, y del grado de organización con que debieron de contar los aproximadamente dos mil hombres que probablemente intervinieron en la operación de poner en pie un coloso de piedra de similares características.

Por otra parte, si nos planteamos la verticalidad de estos monumentos y sobre todo la estabilidad de que han hecho gala ante el paso del tiempo, resistiendo la erosión, los corrimientos de tierras o movimientos sísmicos, llegamos a la conclusión de que nuestros ancestros debían de conocer la plomada, un invento básico para todo ello.

Y si entramos en el análisis de la construcción de los grandes dólmenes, nos damos cuenta que los trabajos debieron de ser todavía más complicados, pues entonces se trataba, además de clavar los bloques de piedra en el suelo, de levantar otros hasta alturas a veces superiores a los tres metros y colocarlos encima de los que permanecían en vertical.

Suponiendo que con bloques «pequeños», el sistema de palanca podía ser suficiente, también puede ser que no sirviese para elevar grandes piedras. El enigma sigue siendo motivo de grandes discusiones entre expertos, aún más si, dejando a un lado su sistema de construcción, nos fijamos en su traslado de un lado a otro. Además del esfuerzo tremendo e inversión de tiempo considerable, se nos plantea aquí la otra gran cuestión.

Ciertas hipótesis apuntan la utilización de rodillos para desplazar los bloques, teorías que surgen de la observación de que la mayoría de las losas utilizadas presentan una de sus caras lo suficientemente lisa como para permitir el deslizamiento. Por otra parte, se han encontrado dólmenes con enormes losas de cobertura ásperas por ambas caras, lo que descarta la rodadura de los rodillos. Vuelve a surgir la pregunta: ¿cómo se construyeron estos dólmenes? Quizá aprovechando la plasticidad de la arcilla mojada, que haría resbalar la losa, una vez elevada, por un talud enfangado. Esta última es la teoría más aceptada.

Cierto es que lo más frecuente es que los monumentos megalíticos se encuentran en lugares próximos al sitio de extracción de los materiales, aunque está comprobado que no siempre fue así y, en ocasiones, el monumento se encuentra a varios kilómetros de distancia de la cantera.

El caso más espectacular en este sentido es el de las «piedras azules» (*bluestones*) de Stonehenge (Inglaterra). Los veinticuatro bloques de piedra, con un peso total de más de 350 toneladas que constituyen el segundo círculo del monumento, fueron extraídas de los montes Prescelly, en Gales, e instaladas al norte de Salisbury, en un llano que dista 280 kilómetros de su lugar de origen.

¿Cómo fue posible transportar bloques de piedra semejantes hasta allí? Hay veces que hasta el más dogmático de los científicos deja volar su imaginación y su mente evoca dioses, gigantes o brujas.

Las construcciones megalíticas más conocidas

Antes de entrar en detalle en el enigma de los grandes constructores de megalitos e intentar desentrañar sus misterios, haremos un breve repaso a los enclaves más importantes, sobre todo para después llegar, con información más que suficiente, al más enigmático y fascinante de todos: Stonehenge, claro está.

Con la llegada del Neolítico a finales del VI o principios del V milenio a.C. se produjo, en las costas atlánticas de Europa, el nacimiento de lo que llamamos el «fenómeno megalítico». Éste se dio en tres focos diferentes y aún no sabemos si relacionados entre sí de una forma u otra: la isla de Irlanda, la Bretaña francesa y el sudoeste de la Península Ibérica.

El que ha proporcionado fechas más altas es el irlandés (finales del VI milenio a.C.), seguido de cerca por los focos bretón (principios del V) y alentejano (mediados del V).

Este fenómeno tuvo una importancia excepcional en Bretaña donde en el plazo de unos dos mil años se iban a construir más y mejores monumentos megalíticos que en ningún otro lugar del mundo. Millares de menhires, centenares de dólmenes de todas las tipologías, decenas de alineamientos y un número nada desdeñable de círculos de piedra o crómlechs se levantaron por la campiña bretona.

Entre ellos, sin desmerecer algunos monumentos irlandeses, como Newgrange, o ibéricos, como Os Almendres o Menga, se encuentran los menhires más altos erigidos jamás, algunos de los dólmenes más complicados y espectaculares y los alineamientos más complejos.

Como siempre que se habla del fenómeno megalítico, es inevitable que se discuta su faceta astronómica, en definitiva, su utilidad. Hasta ahora han sido numerosos, aunque no tantos como cabría esperar para una región tan rica en monumentos, los estudios que han tratado de poner de manifiesto las conexiones astronómicas de los megalitos de Bretaña.

Una de las más famosas construcciones megalíticas, considerada por unos un templo solar y por otros un reducto de cultos druídicos y celtas.

Sin duda el lugar a visitar para empezar a comprender estas estructuras, son las cercanías de las villas de Carnac y Locmariaquer, en las que se concentra un número inimaginable de megalitos. Entre los más importantes, figuran los famosos alineamientos de Carnac, donde miles de menhires fueron colocados en hileras paralelas de varios centenares de metros por razones que aún seguimos ignorando.

¿Soldados de piedra?

Como largas filas de penitentes, las fantasmales piedras de Carnac recorren en línea recta el áspero territorio bretón frente a las bravías aguas del golfo de Vizcaya. Aunque su presencia y configuración son realmente misteriosas, los campesinos de la región encontraron cómo explicarlas.

Según una arraigada creencia, los megalitos son soldados romanos petrificados por Dios para proteger a San Cornelio, patrón de la zona de Carnac y del ganado, mientras aquellos lo perseguían. Otros mitos bretones aseguran que las piedras de Carnac se desplazan regularmente hacia el mar para bañarse o beber de sus aguas. Y les atribuyen grandes poderes: además de ser curativas, las piedras pueden brindar fertilidad y ayudar a los jóvenes en busca de pareja.

El primero en aludir a su utilidad como observatorio astronómico y lugar sagrado para hablar con los dioses fue André Cambry, que sostuvo que las piedras de Carnac se refieren a las estrellas, los planetas y el zodíaco. Autores posteriores retomaron la idea y, en 1970, el ingeniero inglés Alexander Thom siguió los pasos de Gerald Hawkins en sus estudios sobre Stonehenge (como veremos más adelante) y los aplicó a Carnac. Según Thom, el gran menhir caído de Locmariaquer era el centro de un inmenso observatorio astronómico apto para predecir eclipses. Sus mediciones indican que desde el gigantesco menhir era posible observar las ocho posiciones extremas de la Luna.

Los megalitos de Carnac nos hablan de tiempos memorables en los que las piedras gigantes y los seres humanos mantuvieron una especial comunión. Una leyenda asegura que se trata de soldados romanos que fueron petrificados.

También propuso que los alineamientos de Carnac eran calculadoras solares, utilizadas para corregir las irregularidades observadas en los movimientos de la Luna.

Los emplazamientos más importantes de Carnac son los de Le Ménec, Kermario y Kerlescan. En bretón Le Ménec significa «lugar de las piedras». Mide más de un kilómetro de longitud y está compuesto por más de un millar de menhires. Teniendo en cuenta la alineación media, la dirección del complejo apunta hacia la salida del Sol en torno al 6 de mayo y al 8 de agosto, dos fechas que deberían ser de importancia para la agricultura o para los ritos propiciatorios en aquella época.

Kermario se encuentra a seiscientos metros de Le Ménec, en bretón «aldea de los muertos». Con una extensión de 1.120 metros, esta avenida está compuesta por un millar de monolitos y algunos miden hasta casi seis metros de altura. Su orientación media apunta hacia la salida del Sol en el solsticio de verano.

No lejos de allí comienza el complejo de Kerlescan, que significa «aldea quemada». Está formado por un amplio abanico de menhires que aparece precedido de un gran crómlech, o recinto de piedras. El eje del abanico está orientado aproximadamente hacia el punto por donde sale el Sol en los equinoccios.

Al margen de las alineaciones, existen otro tipo de estructuras en la zona de Carnac. Sobre la bahía de Quibeon se erigen dos grandes complejos megalíticos que probablemente sirvieron como enormes y precisos observatorios para determinar las posiciones de la Luna sobre el horizonte. El más antiguo es el de Le Manio y el otro más grande tienen por centro el «gran menhir quebrado» de Locmariaquer, junto a la bahía de Quiberon.

El de Le Manio es un gran menhir de 5,8 metros de altura. Las mediciones revelan que existen cinco puntos de observación desde los cuales, mirando hacia el menhir, se podía contemplar la salida o la puesta de la Luna cuando el astro se encontraba en unas declinaciones determinadas.

La famosa y de sugerente nombre *Piedra de las Hadas* es el otro gran observatorio, tiene su centro en el mayor menhir que existe en toda Europa, el llamado *Er Grah* o *Piedra de las Hadas.* La gran piedra de sección ovalada, ahora abatida y reducida a cuatro fragmentos por un terremoto en el año 1286, se erguía majestuosa en Locmariaquer. El inmenso menhir de ventiún metros de altura y trescientas toneladas de peso fue transportado en el milenio tercero a.C. desde la zona de Finisterre. El Gran Menhir constituía la mira central del observatorio y gracias a su altura se podía divisar desde una gran distancia. Hay ocho lugares desde los cuales se podían realizar observaciones muy precisas de la posición de la Luna y determinar, entre otras cosas, las fechas «peligrosas» durante las cuales existía la posibilidad de que se produjeran eclipses.

El pobre resto de Europa

A excepción de la región francesa de Bretaña, el resto de Europa es pobre en monumentos megalíticos, aunque a pesar de ello podemos destacar los siguientes, casi a modo de enumeración.

— Los tres crómlech de Boitin. Se encuentran en la región de Mecklenburg (Alemania). También llamados *steinetänze,* es decir, «danzas de piedras» fueron construidos en el milenio tercero a.C. y forman un triángulo isósceles cuyos lados están orientados hacia algunos puntos del horizonte de particular interés astronómico.

— El complejo de Hunenbetten, «las camas de los gigantes», está situado en Ahlhorn, a unos 20 kilómetros. de Bremen (Alemania). Datado en torno al año 2000 a.C., el enclave está formado por una serie de menhires, de túmulos y de cuatro estructuras, de entre cuarenta y cien metros de longitud, constituidas por piedras dispuestas en doble fila. Las investigaciones han revelado que, de las cuatro «camas de gigantes», una tiene el eje en dirección equinoccial (este-oeste) y las otras apuntan en la dirección de la salida o la puesta de la Luna cuando asume particulares posiciones en su trayectoria.

— El monte de D'Accoddi es uno de los monumentos prehistóricos más antiguos de Italia. Se yergue imponente en una campiña cerca de la carretera que va de Sassari a Porto Torres. Observando de cerca recuerda un antiguo zigurat sumerio de donde se escrutaban los cielos y se ofrecían sacrificios. Una rampa de acceso en tierra batida, sostenida a los lados por un basto muro de piedra seca, conduce al cabo de unos treinta metros hasta la cima del monumento, compuesto por un gran promontorio rectangular, de 36 × 30 metros, con una elevación de unos nueve metros con respecto al campo circundante. A la derecha de la rampa hay una gran piedra plana poligonal, sostenida por varios peñascos, en cuya superficie varias acanaladuras indican claramente que se trataba de un altar donde se celebraban sacrificios. A la izquierda de la rampa de acceso, un menhir de 4,4 metros de largo yace en el suelo, y poco más allá se encuentra otro. Finalmente, a una decena de metros del monumento, hacia el sudeste, hay una gran piedra de forma esferoidal, cubierta de pequeñas incisiones circulares que le dan cierta semejanza con la bóveda celeste. Esta piedra redonda es un *omphalos*, un objeto ritual que representaba el centro de un territorio.

Monte d'Accoddi está datado en torno al cuarto o quinto milenio a.C. y se han encontrado en el interior del túmulo gran cantidad de objetos de cerámicas correspondientes a la llamada cultura de Ozieri. Todas las investigaciones arqueológicas han demostrado claramente que Monte d'Accoddi es uno de los monumentos de más importancia para las poblaciones sardas primitivas; probablemente se trataba de un lugar sagrado en el que se reunían los diversos pueblos de la isla para celebrar ritos comunes y adorar a sus divinidades. Los lados de la parte central del monumento, formada por el gran rectángulo de piedra seca, presentan orientaciones relacionadas quizá con los puntos por donde salía la Luna en ciertas fases importantes de su ciclo de 18,6 años. Las mediciones realizadas han permitido establecer también que las líneas que unen el menhir más lejano con el centro del monumento y el otro menhir con el centro de la piedra del altar señalan el punto por donde salía la Luna cuando asumía valores particulares de declinación.

Los megalitos de Bretaña se están estudiando y analizando en detalle. Esperemos que en un futuro no muy lejano podamos desvelar algunas de las claves sobre el papel que la astronomía, en su vertiente cultural, jugó en el diseño y en la orientación de estos imponentes, pero mudos, testigos de nuestro pasado.

Y ahora centrémonos en la construcción megalítica más importante y misteriosa de todas, la que más ríos de tinta ha desbordado jamás.

Los enigmáticos megalitos de Stonehenge

Al sur de la isla de Gran Bretaña, concretamente en la llanura de Salisbury, se levanta desde hace 5.000 años el que sin duda es el más bello monumento megalítico de Europa. Stonehenge fascina y apasiona a arqueólogos, astrónomos, esoteristas y público en general desde hace siglos. Y no es de extrañar, puesto que es único por su concepción. Lo que aun nadie ha podido dilucidar es si se trata de un templo, un monumento funerario o un observatorio destinado a revelaciones astronómicas, entre otras teorías.

Aunque hoy día se sepa que los celtas no fueron los constructores de Stonehenge, éstos tuvieron siempre un gran respeto por este emplazamiento. El primer texto que menciona el sitio con exactitud se encuentra en la Historia *Regnun Britanniae* de Geoffroy de Monmouth (1136), uno de los autores de los libros artúricos. Según este autor, Stonehenge fue creado por Merlín, el cual habría traído las piedras desde Irlanda utilizando sus increíbles poderes mágicos. Una vez colocadas las piedras, habría hecho aparecer un dragón que simbolizaría el alma mágica de Inglaterra, estableciéndose como enclave mágico definitivo donde todos los nobles habrían prestado juramento de fidelidad al rey Arturo y su reino de Camelot.

También según las leyendas artúricas el mítico rey descansaría bajo sus ruinas esperando a ser despertado cuando el reino volviera a necesitarle en una crisis.

Un templo de druidas

Otros autores británicos, en este caso John Aubrey y William Stukeley, a finales del siglo XVII y principios del XVIII, que visitaron e investigaron a fondo el emplazamiento, contribuyeron fuertemente con sus conclusiones escritas a fortalecer la imagen de Stonehenge como un templo druídico y uno de los enclaves más importantes de la cultura celta. Pero, aunque antaño fue sin duda el sitio utilizado por los druidas para sus ceremonias, la clave está en que los pesados megalitos estaban ahí mucho antes de la llegada de los celtas a tierras británicas. El discurso de los historiadores usualmente dice que los druidas no pudieron construir Stonehenge ni los demás círculos de piedra en la antigua Britania por una razón que ya hemos apuntado: los druidas, sacerdotes de los celtas, llegaron junto a su pueblo en el año 500 a.C., y está comprobado que ningún monumento megalítico fue construido después del año 1400 a.C. En definitiva, un intervalo de tiempo de al menos medio milenio separa el último de los círculos de piedra de la llegada de los druidas.

En la actualidad la opinión académica está dividida. Algunos expertos enfatizan la falta de continuidad entre las estructuras y prácticas religiosas en el segundo y primer milenio a.C. Otros conectan el nuevo sentido de continuidad en la genética y la cultura de Britania con el rechazo de la idea de una «invasión» celta. Esta segunda escuela de pensamiento hace posible ver de nuevo a los druidas como sacerdotes y sacerdotisas de los círculos de piedra, una tendencia reforzada por el incremento del reconocimiento de la importancia de la astronomía ritual en la construcción de estos monumentos.

De igual manera, lo que sin duda se plantea es la siguiente pregunta: ¿si no fueron los celtas, quién construyó Stonehenge y, sobre todo, con qué finalidad?

Avezados y avanzados constructores

Está comprobado que la estructura de Stonehenge fue construida en cuatro fases diferentes en el tiempo. Se inició en el año 2800 a.C. con piedras de diferentes orígenes: algunas provenientes de Avenbury, a unos veinticinco kilómetros al noroeste; otras de los montes Prescelly, en el País de Gales, a una distancia de más de doscientos kilómetros, y de Mildford Haven, aún más lejos, a unos doscientos cincuenta kilómetros de su emplazamiento final. Además, las *bluestones* (piedras azules, llamadas riolitos) son originarias de Irlanda...

La pregunta que cualquier mente se plantea enseguida es cómo unas gentes pertenecientes a la época de finales del Neolítico pudieron ser capaces de transportar desde tanta distancia unas moles tan impresionantes con unos medios supuestamente muy rudimentarios.

Cada monolito pesa más de cincuenta toneladas, con lo que el peso resultante de todos ellos resulta ser de miles de toneladas. Además, ¿por qué ir tan lejos a buscarlas, teniendo similares materiales mucho más cerca? Muchos apuntan a que no fue, evidentemente, una elección al azar, sino más bien una decisión realizada desde una necesidad mágica que aún hoy en día desconocemos.

Con respecto a esto, el azar sigue siendo descartado cuando comprobamos que la construcción de Stonehenge fue elaborada según un plan extremadamente preciso. El emplazamiento está formado por una zanja circular de cuatro metros de ancho por 1,50 metros de profundidad que forma un primer anillo de un centenar de metros.

Ya sobre el talud, un segundo anillo está dibujado mediante cincuenta y seis agujeros conocidos con el nombre de «agujeros de Aubrey», llamados así en honor a uno de los primeros exploradores del emplazamiento (1650), John Aubrey. Siempre concéntricos, otros dos anillos revelan cada uno treinta y veintinueve agujeros. En ellos se hallan osamentas humanas quemadas. Luego viene la parte monumental de la obra, formada por dos círculos de piedras erguidas cubiertas de dinteles encerrando otras dos filas dispuestas en forma que recuerda a una herradura.

Otras cinco piedras se levantan aisladas. Dos de ellas en la zona del anillo de los agujeros de Aubrey (llamadas «piedras de estación», destinadas, se supone, a ser cambiadas de posición según se necesitara para las ceremonias), una exterior en la galería que conduce al monumento (llamada «piedra de talón», puesto que su forma recuerda esa parte de un pie), una piedra de sacrificio a la entrada y un altar que está en el centro de toda la construcción.

Sepultura, observatorio... o ambos

Los numerosos restos humanos hallados por todo el lugar indican que el sitio tenía una función funeraria en el que eran sepultadas ciertas personas, seguramente druidas ilustres e incluso nobles ingleses. Pese a todo, hay muchos indicios que apuntan a que esa no fue su primera finalidad, aunque hubiera servido como lugar de sepultura durante siglos. Es muy posible que su función primigenia se perdiera al ir desapareciendo paulatinamente los druidas, pasando a ser un enclave ideal, por su magnificencia, para celebrar ritos de sepultura. Muchos apuntan a que, en realidad, Stonehenge fue construido para servir de observatorio astronómico.

Gerald Hawkins, profesor de astronomía de Cambridge, y Fred Hoyle, especialista en astrofísica del *Californian Institute of Technology*, estudiaron detenidamente la estructura megalítica en relación a la colocación de sus piedras. Su tesis de 1961 indica que los megalitos se colocaron en líneas de mira con el fin de realzar fenómenos astronómicos.

Los círculos de agujeros corresponderían al sistema simple de una máquina calculadora gigantesca y primitiva pero de una precisión sorprendente, capaz de observar el cielo y predecir sus movimientos. Por ejemplo, se ha demostrado que el anillo de los agujeros de Aubrey se relaciona con el ciclo de los eclipses lunares. Ello se demuestra con el siguiente hecho: corriendo cada año seis piedras de un agujero a otro determinado, se pueden prever todos los eventos lunares durante períodos muy largos. Además, distintos ángulos formados con las piedras solitarias definirían los solsticios y los equinoccios, las salidas y las puestas del Sol y de la Luna.

Otras voces se alzaron contra estos astrónomos, las de los arqueólogos, los cuales afirman que la multiplicidad de épocas de construcción contradice la teoría de un observatorio construido con conocimiento de causa. Una teoría un poco difícil de defender, si se me permite decirlo, si tenemos en cuenta que, quizá, lo que pasó es que dicho observatorio se intentaba mejorar durante el transcurso del tiempo, gracias al avance de la ciencia. Simple búsqueda del perfeccionamiento del sistema.

La simbología del círculo (el Sol) y la de la herradura (el menguante de la Luna) es otra lanza rota a favor de los astrónomos. En lo que unos y otros están de acuerdo es en que el emplazamiento, sea por la razón que sea, no es fruto en ningún caso del azar.

Creación de los hiperbóreos

Si prescindimos de la ciencia, otras teorías más fantásticas, pero igualmente atractivas, salpican el misterio de Stonehenge. Muchos han imaginado a gigantes como los únicos seres capaces de levantar y transportar semejantes moles. Y aquí surgen los hiperbóreos, una raza de gigantes legendarios que la mitología griega sitúa instalados en el norte del viejo continente, donde erigían templos y monumentos al dios que adoraban, Apolo.

El historiador Diodoro de Sicilia (siglo I a.C.) habla de un lugar que muchos quieren identificar positivamente con Stonehenge. Escribió Diodoro: «Hay en la isla un recinto de Apolo y un templo ilustre [...] los encargados son llamados boreades. El dios visita la isla cada diecinueve años, período durante el cual las estrellas vuelven a estar en el mismo lugar en el cielo». Es evidente que el historiador, si desprendemos a sus palabras del eco mítico, vuelve a reforzar la idea de que el emplazamiento era un lugar de observación del cielo.

En realidad, muchos estudiosos de mitología acuerdan en identificar a los hiperbóreos con, probablemente, el pueblo íbero, ya que es en Portugal donde se encuentran las primeras alineaciones megalíticas. Una migración habría diseminado a este pueblo a lo largo de las costas del norte (golfo de Gascuña, Bretaña) hasta Irlanda e Inglaterra, donde erigieron por primera vez un fantástico círculo de piedras.

Fuera de toda regla conocida

Los emplazamientos megalíticos son numerosos en toda Europa (más adelante hablaremos de ellos con más detalle), pero la mayoría son identificados como lugares en que se daba sepultura a una o varias personas. Muchos emplazamientos encierran en su estructura cámaras funerarias, como Carnac, por ejemplo.

Pero Stonehenge escapa a la regla. En el lugar no existen ni pasillos ni cámaras funerarias, por lo que es lógico suponer que el monumento tiene ciertamente otro fin. Aparte de la hipótesis del observatorio astronómico, se han propuesto las explicaciones más diversas.

Para los seguidores de la tradición druídica, Stonehenge sería un gigantesco generador de energía, un *nemetón* (lugar sagrado), que forman una cadena humana alrededor del monumento en cada solsticio para captar esta energía y cargarse de ella, siguiendo un ritual creado (la verdad sea dicha, bastante artificialmente) en el siglo XIX.

Para otros investigadores más osados, entre ellos muchos ufólogos, profesionales o aficionados, se trataría de un puerto espacial para ovnis. La posición de las piedras correspondería entonces a un balizaje que fue ubicado desde el espacio hace muchos siglos, en lo que algunos aventuran fue el primer contacto de seres extrarrestres con seres humanos. De aquí saldría también el hermetismo con que parece que la utilidad del lugar ha sido guardada, protegida durante generaciones de adoradores de *aliens*, a los que veían, claro está, como dioses venidos del cielo. Algunos más osados, aventuran también a apuntar que desde entonces la raza humana se mezcló en secreto con los *aliens*. Estos últimos, además, habrían sido lo que se conocía como druidas, grandes magos y guerreros de la antigüedad.

¿Cuestión de energía?

Además de las mencionadas, existen multitud de hipótesis que intentan dilucidar quién, cómo y por qué se construyeron tanto Stonehenge como el resto de emplazamientos megalíticos. Aunque muchas son absolutamente insustanciales, existe una que, aunque cuente quizá con menos, precisamente, sustancia, que las demás, seduce por su planteamiento.

Se trata de aquellos que insisten en que los megalitos no eran otra cosa que transformadores y/o receptores de energía, a la par que contenedores de la misma, a modo de gigantescas baterías de esa fuerza proveniente del cielo. Ésta sería una energía cósmica que se usaría, sobre todo, con fines curativos, de ahí también el propósito que dichas construcciones tenían como altares sagrados donde se pedía a los «dioses» o «energías cósmicas» la curación mágica del enfermo o enfermos.

Esta nueva concepción de la utilización de los menhires arranca con el avance evidente que dio la cultura megalítica en un momento de la historia, sobre todo con la aparición del emplazamiento más enigmático, Stonehenge. Por lo visto, la gente de esa época era capaz de recoger y utilizar esa energía, aunque sus métodos y utilización parece que murieron con sus «técnicos».

Tengamos en cuenta como razón determinante el pobre o inexistente desarrollo de la cultura escrita, que nos ha impedido que ningún documento existente llegue a nuestros días explicando cómo funcionaban dichas baterías y/o motores cósmicos, pero sabemos otras cosas que pueden defender esta teoría, como por ejemplo el hecho que los megalitos estén hechos, en ocasiones, de materiales bien diferentes. Este parece no ser un hecho arbitrario, y ello por la antigua creencia de los constructores que consideraban unos materiales más adecuados que otros para según que monolitos. Es de suponer, si buscaban un almacenamiento o recepción de energía que ciertas piedras fueran más receptivas que otras, al igual que unos materiales son mejores conductores de la electricidad que otros, por poner un ejemplo. ¿Por qué otra razón viajar cientos de kilómetros para encontrar unos materiales específicos y no utilizar otros más cercanos que habrían servido para el mismo propósito?

Recordemos el ejemplo citado de las *bluestones* de Stonehenge, a doscientos ochenta kilómetros de su destino final. Si bien no existen pruebas de este hecho, pues las mediciones de energía de la zona no revelan nada extraordinario, hay quien apunta el hecho que las energías hace tiempo que se habrían dispersado. Además, algunos investigadores también especulan con la posibilidad que fuera un fenómeno que sólo pudiera darse hace siglos, y que el cambio natural en el alineamiento de los cuerpos celestes, haya dejado a la Tierra, al menos de momento, sin la posibilidad de poder recibir esas energías cósmicas que nuestros antepasados pudieron haber aprovechado en su beneficio.

Los obeliscos de Aksum, los rascacielos del mundo antiguo

En Aksum, Etiopía, se encuentra una de las ciudades más misteriosas del planeta, defendida por algunos como también una de las más sagradas. Son muchos los que defienden que en este enclave, repleto de interesantes y enigmáticas construcciones, se custodia, bajo las más estrictas medidas de seguridad para apartarla de los ojos del mundo, la mítica Arca de la Alianza. Como veremos, otros mitos adornan la historia de tan curioso lugar, pero lo que seguro no es un mito son los gigantescos obeliscos que allí se alzaron, de los que aún perdura uno en pie. ¿Quién los creo y con qué fines? Y sobre todo, ¿cómo pudieron unas gentes en principio primitivas llegar a erigirlos?

Aksum (o Axum, pues puede escribirse de ambas maneras) se halla a unos mil kilómetros de la capital etíope, Addis-Abeba, aunque, sin embargo, llegó a ser un importante centro al que se desplazaban los monarcas para ser coronados, no en vano el mandatario de esa ciudad era considerado *neguse neguest*, que significa rey de reyes, allá por el siglo VI a.C.

Pero las guerras y los conflictos políticos que, lamentablemente, han sido moneda de cambio corriente en este, uno de los países más pobres del planeta, han impedido en gran medida que podamos obtener más detalles fiables sobre este impresionante lugar. De él que cuenta la tradición que fue la residencia de la bíblica reina de Saba, que tuvo un hijo fruto de su relación con el rey Salomón llamado Menelik y que se trajo, según la leyenda, el Arca de la Alianza tras visitar a su padre. En realidad, no habría sido él exactamente, sino Azarías, el hijo del sumo sacerdote Sadoc, que apenado por tener que dejar el Arca allí, decidió llevarla consigo tras reemplazarla por una réplica exacta.

Una estratagema propia de un mago si se quiere, pero que según recoge el libro sagrado para los etíopes *Kebre Neguest* (Gloria de reyes) sucedió sin que Salomón se percatase del engaño hasta que su hijo, junto con su comitiva, hubieron abandonado Jerusalén. Lo que resulta aún más intrigante es precisamente cómo se marcharon: carros y animales se deslizaban por el aire a un codo de la tierra. Al final de la primera jornada estaban ya en Gaza. ¡Habrían hecho en un sólo día el recorrido equivalente a trece! Es por este motivo que Salomón no pudo alcanzarles...

Pese a que la historia conocida cuenta un relato muy diferente, lo que para los etíopes es, sin duda alguna, el Arca de la Alianza, se custodia en la iglesia de Santa María de Sion, si bien es cierto que no está permitido el acceso para evitar que alguien pueda robarla... Para el pueblo etíope, la historia de la descendencia de Salomón es prácticamente incuestionable. Tanto es así que en la Constitución de 1955 «donada» por el emperador Haile Selassie se especifica, en el artículo 2, que: «[...] La dignidad imperial estará ligada a perpetuidad a la línea de Haile Selassie, descendiente del rey Sahle Selassie; dicha línea desciende sin interrupción de la dinastía de Menelik I, hijo de la reina de Etiopía (reina de Saba) y de Salomón de Jerusalén».

Todo ello nos lleva al tema que nos ocupa, pues, no lejos del supuesto palacio de la reina de Saba se encuentra un emplazamiento denominado el «parque de las estelas». Aquí se encuentran varios obeliscos gigantes (se cree que hubo al menos siete) y estelas de diversos tamaños, tallados en granito. El más grande, que yace ahora caído y roto se sabe que medía treinta y tres metros y pesaba quinientas toneladas. De hecho, esté «monstruo» está considerado como la mayor piedra tallada y alzada del mundo antiguo.

Había otro obelisco que fue «botín de guerra» por parte de Italia cuando este país invadió Etiopía en octubre de 1935. El trofeo, que mide veinticuatro metros de altura y que pesa unas doscientas toneladas, tuvo de ser cortado en varios trozos para su traslado a Roma, donde se encuentra en la actualidad. Este obelisco se convirtió en un símbolo fascista gracias a la política imperialista de Mussolini en los años 40 del siglo XX.

Rascacielos ¿para ir al cielo?

El obelisco de mayor tamaño se encuentra laboriosamente trabajado para producir el efecto de un edificio de trece pisos, con sus «ventanas», y que posee incluso una falsa puerta con cerrojo que conduciría hacia lo más alto, ¿hacia el cielo, quizás? Y de nuevo nos enfrentamos al enigma, porque si difícil es saber si en Aksum se halla o no el Arca de la Alianza, si fue o no la residencia de la reina de Saba, si está o no enterrada allí esta misteriosa mujer... más complejo resulta dar respuesta a las preguntas que muchos se formulan: ¿Quiénes, por qué y sobre todo cómo se erigieron los monolitos de Aksum? No olvidemos que estamos hablando de ¡quinientas toneladas!

Es de suponer que sus constructores no se habrían tomado tantas molestias sin que dichos monumentos tengan algún significado. Hay quienes piensan que son simples tumbas. Da la sensación de que los constructores de tales gigantes pretendían acercarse lo máximo posible a las alturas, al cielo, al firmamento. Tanto que, incluso se molestaron en tallar una puerta falsa como si de un «rascacielos» estuviésemos hablando. ¿Qué significación puede tener este gesto?

Sinceramente, lo ignoramos, no sólo nosotros, también todos los investigadores que han intentado dar con una respuesta. Algunos apuntan a que el efecto mágico del Arca sagrada habría inspirado la construcción de ese «rascacielos» como homenaje al Altísimo y, al igual que la tristemente famosa Torre de Babel, habría sido maldecida por Él y destruida. Al mismo tiempo, el Arca de la Alianza habría sido el instrumento utilizado para hacer levitar la enorme mole y poder colocarla sin el esfuerzo de quizá miles de personas durante largos y fatigosos años. Sólo así se explicaría cómo pudieron erigir una mole de semejantes dimensiones, dicen los nativos de la zona.

Aunque parece un moderno rascacielos, en realidad esta construcción es un obelisco edificado por los antiguos etíopes en Aksum, lo que nos obliga a reflexionar sobre la tecnología que tenían a su alcance.

Las pistas de Nazca: ¿podían volar nuestros antepasados?

Está generalmente reconocido que América del Sur ha estado habitada desde hace veinte mil años por pueblos nómadas que vivían de la caza y de la pesca y que comenzaron a desarrollar una agricultura incipiente alrededor del año 4000 a.C., cultivando sobre campos quemados para despejar malezas, técnica todavía usada por algunas aisladas tribus de indios del Amazonas.

Las primeras colonias agrícolas permanentes aparecieron alrededor del año 3500 a.C. en ciertos lugares como los valles andinos cerca de la costa, donde la técnica casi nómada de las quemazones de pastos y de malezas no era aplicable y donde era preciso dominar los cambios estacionales y preparar bien el terreno para disponer de tierras cultivables.

Estas nuevas técnicas de agricultura intensiva implicaban un acuerdo sobre la conveniencia y la necesidad de que los trabajos fueran realizados comunitariamente, siendo entonces un requisito ineludible que la estructura de esos grupos sociales se fundara en un conjunto de valores y de creencias comunes que posibilitaran el resultado deseado mediante el esfuerzo común.

Cada comunidad entonces inventó dioses cuyo papel era generalmente el de organizar el calendario fértil de la tierra en función del cultivo conforme a las distintas estaciones del año.

Se sabe poco de estas religiones primitivas que se desarrollaron independientes durante mil años en muchos sitios sobre la costa (Valdivia, Huaca Prieta, Salinas de Chao, Aspero, Piedra Parada, El Paraíso), y en las montañas (Kotosh, Shillacoto, Wairai-jirca, Huaricoto, La Galgada, Piruru).

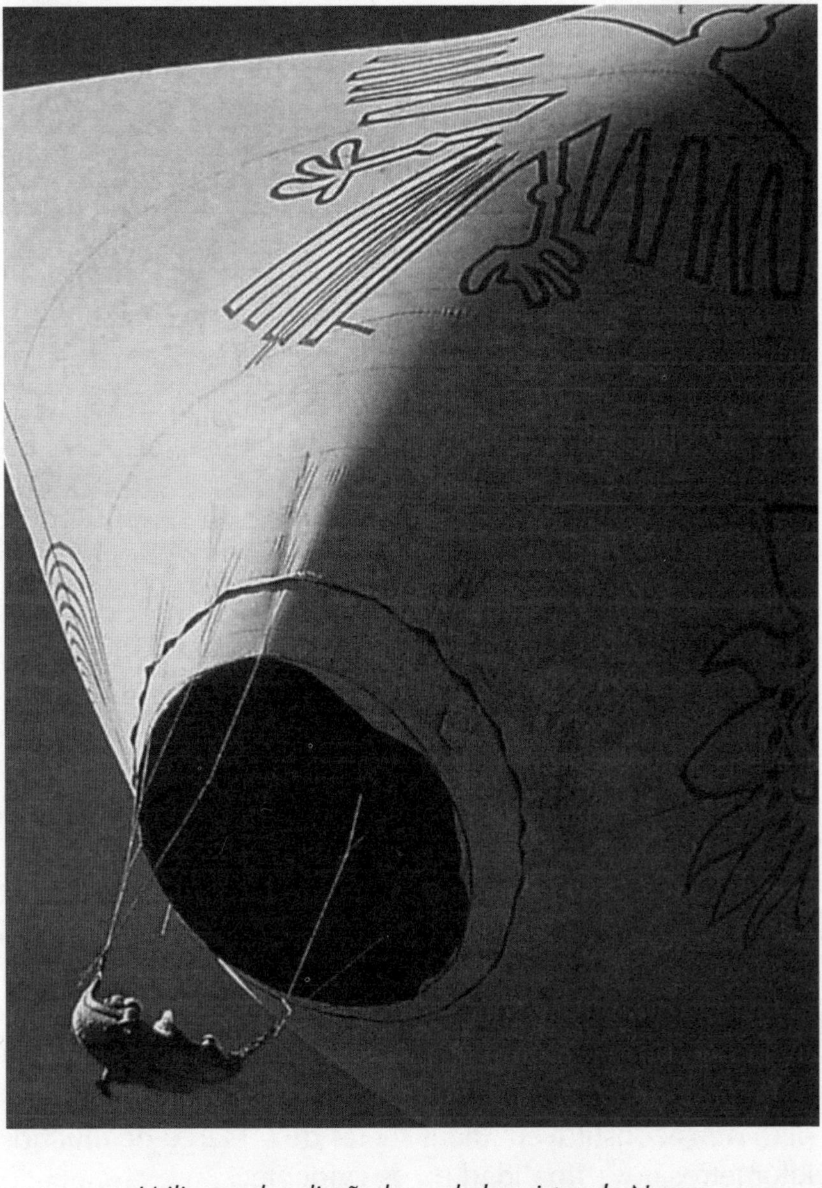

¿Utilizaron los diseñadores de las pistas de Nazca rudimentarios globos como estos? Lo desconocemos, pero lo cierto es que las líneas sólo pueden observarse con claridad desde el aire.

La historia andina es compleja pues muchas sociedades se han desarrollado en las partes norte y sur de la costa y de las montañas. En el año 200 d.C. surge el pueblo de los nazca, originarios de los paracas de la costa sur del Perú, que coexistieron bajo la influencia de Chavín desde cerca del año 900 a.C. De ahí evolucionaron para crear la civilización nazca.

Los nazca eran pues contemporáneos de los mochicas, un pueblo anterior que ya produjo cierta arquitectura. Sin embargo, ellos se destacaron en la fabricación textil y en la producción de ollas y de cacharros con un estilo con mucho color que contrasta vivamente con el realismo y los colores apagados de las cerámicas mochicas.

Los nazca son muy conocidos por las líneas que llevan ese nombre y que son uno de los legados más enigmáticas de todos los vestigios precolombinos. Y de toda la humanidad, nos atreveríamos a afirmar, pues aún hoy en día, en plena era de la información, seguimos estando en tinieblas en lo que a los nazca se refiere, sobre todo con lo relacionado con sus misteriosas pistas o líneas.

Están constituidas por dibujos realizados con alineamientos de piedras sobre el mismo suelo y que forman figuras geométricas, de animales, de pájaros y de peces, entre otras figuras, que no pueden ser visualizados sino desde el aire. Destacan por derecho propio un lagarto perfectamente dibujado y un mono con una cola enroscada, lo que complica aún más su realización. Algunas se parecen a las pinturas efectuadas en las cerámicas de Nazca, pero otras constituyen líneas rectas de un largo de muchos kilómetros cuya finalidad no es evidente.

Muchas teorías, algunas bastante fantasiosas, han sido propuestas para explicar el sentido y la forma en que pudieron haber sido dibujadas sobre la tierra sin la ayuda de la visión aérea, por lo que vamos a analizarlas una a una para intentar desentrañar la fantasía de la realidad, o al menos, la fantasía más lógica...

Un complicado ritual familiar

Una de las teorías más aceptadas indicaría que los nazca efectuaban esas líneas en el suelo en conmemoración de hechos importantes en una familia o clan, desde nacimientos, defunciones, batallas (aunque era un pueblo bastante pacífico) o fechas sagradas. Esta teoría ha sido defendida por gente tan dispar como el historiador Hans Horkheimer y el cineasta Tony Morrison.

Para honrar el recuerdo de algún acontecimiento se efectuaban dibujos en la tierra mediante surcos poco profundos y se marcaban sus límites con piedras pequeñas. El dibujo surgía gracias a las características minerales de la zona, pues bajo unos centímetros de tierra oscura y pedregosa, se halla una tierra fina y amarillenta que es la que posibilita mediante el contraste que los dibujos sean perfectamente visibles desde las alturas. Era costumbre que uno o dos miembros de la familia dedicaran casi por entero su vida al cuidado de los dibujos sagrados, siendo sustituidos a su muerte o cuando no podían asegurar su mantenimiento, lo que demuestra la vital importancia que los nazca daban a esas líneas.

El motivo no está claro del todo, más aún si tenemos en cuenta que muchas líneas no dibujan ninguna forma determinada, son sólo líneas rectas que en algunos casos se extienden por kilómetros y que fueron siendo alargadas durante años y años. Se piensa que las líneas más extensas corresponden a familias de alto rango y larga tradición de poder entre los nazca.

¿Podían volar los Nazca?

Pero lo que de verdad lleva ocasionando dolores de cabeza a todos aquellos que se acercan al misterio de Nazca es el método de realización de las pistas. Hoy en día, mediante altísimas grúas o con la ayuda de helicópteros o aviones, sería relativamente fácil dibujar en un terreno cualquier cosa mediante surcos, sólo haría falta una buena comunicación del personal en el aire con el de tierra.

Pero los nazca no disponían de tecnología para hacerlo como nosotros lo haríamos hoy en día... ¿o tal vez sí?

En muchas tumbas de este pueblo se han encontrado restos de lo que en su día fueron finas telas confeccionadas por los nazca, y algunos han querido ver el material con el que construían unos rudimentarios globos con los que poder elevarse y poder dibujar desde el aire. De hecho, se parecen bastante a las finas telas con que hoy en día construimos nuestros más seguros y sofisticados paracaídas. Lo extraño en este caso es que no se ha encontrado ninguna que pudiera recordar remotamente a la forma de un globo ni ninguna cesta o barcaza en la que supuestamente se subían para volar.

Por otra parte, sí se han hallado muchos pozos en las inmediaciones, no muy profundos, y con restos de hogueras en ellos. Parece este un método ideal de insuflar aire caliente a un globo, encendiendo un fuego en un pozo, evitando así que las llamas se acerquen demasiado a la tela, y creando un perfecto «tubo» natural que lleva el aire caliente al globo, que mediante unos pesos podría tapar perfectamente el pozo para retenerlo y, finalmente, elevarse.

Para intentar demostrar esta teoría, en 1975 dos ingenieros construyeron un globo con los materiales (y únicamente con ellos) de los que disponían los nazca en su época. Siguieron el método antes explicado, encendiendo una hoguera en uno de los pozos y disponiendo su rudimentaria aeronave tapando la boca del mismo. Una vez el globo se hinchó, el aire caliente lo fue elevando, consiguiendo recorrer la distancia de cinco kilómetros antes de caer accidentalmente al suelo tras una ráfaga de aire imprevista.

Pese al relativo éxito, el hecho, repetimos, de no haber encontrado nada similar en ninguna excavación, disuade a la mayoría de creer en nazcas voladores, más aún cuando pensamos que, de haber tenido esa tecnología, se habrían convertido casi con seguridad en un imperio que habría podido dominar casi todo el continente gracias a sus aeronaves. Además, con seguridad lo habrían hecho sin mucho derramamiento de sangre, pues sólo tendrían que haberse hecho pasar por dioses que venían del cielo...

Machu Picchu, ¿construcción atlante?

Los Incas, que se daban a sí mismos el nombre de *tawantinsuyus,* llegaron en el siglo XII provenientes de la zona de Paqari-tampu, a unos veinticuatro kilómetros al sur del Cuzco. El fundador de la dinastía inca, Manco Capac, condujo a la tribu para establecerse en Cuzco, que convirtió en su capital. Había pocas diferencias entre los *tawantinsuyus* y las numerosas tribus que vivían en los dominios en los Andes, hasta el momento en que ellos comenzaron a extender su dominio en el siglo XIV bajo el mandato de Maya Capac.

Con el siguiente emperador, Capac Yupanqui, los incas extendieron su poder más allá del valle de Cuzco, y con Viracocha comenzaron un programa de conquista permanente estableciendo guarniciones en las aldeas de los pueblos que ya habían conquistado.

Con el regente Pachacuti Inca Yupangqui (1438-1471), los incas conquistaron el sur del territorio hasta el lago Titicaca y el norte hasta donde actualmente está la ciudad de Quito, subyugando a los pueblos de los aimrarás, los chancas, los quichúas y el reino de Chimú.

A finales del siglo XV el imperio alcanzó su mayor expansión de territorio hasta el sur, ocupando todo Chile, y hasta el norte hasta el río Ancasmayo. En 1572 los españoles llegaron a Perú y poco después el imperio se desintegró como por arte de ensalmo. Aún hoy en día comporta un enigma saber qué pasó en verdad con este pueblo. Se habla de epidemias que asolaron la zona, seguramente enfermedades que portaron consigo los españoles, pero de igual modo los incas desaparecen demasiado rápidamente entre las tinieblas de la historia. Su destino sigue siendo un enigma.

La sociedad inca estaba muy estratificada. El emperador se rodeaba de una corte poderosa y gobernaba con la ayuda de una aristocracia burocrática que ejercía su poder con crudeza y con una autoridad represiva.

La tecnología y la arquitectura inca se habían desarrollado pero no eran muy originales. Sus sistemas de irrigación de aguas, sus palacios, sus templos y sus fortificaciones aún son visibles en los Andes. La economía estaba basada en la agricultura y los principales productos eran el maíz, las papas blancas y azucaradas, las mandiocas, los tomates, el ají, la coca y el algodón. Criaban cochinillos, patos, llamas, alpacas y perros. Los tejidos estaban hechos con lana de llama y con algodón. Las casas eran de piedra o adobe. Casi todo hombre era granjero, produciendo su propio alimento y su ropa.

Los incas construyeron una vasta red de caminos por todo el territorio del imperio. Se componía en especial de dos rutas norte-sur, una bordeando la costa sobre cerca de 3.600 kilómetros y la otra en el interior del territorio, que seguía a lo largo de los Andes sobre una distancia considerable, existiendo muchas interconexiones entre ambas rutas. Además había pequeños túneles y puentes suspendidos. El uso de este sistema de comunicaciones estaba estrictamente reservado para los negocios oficiales y militares; un servicio de correos muy bien organizado y que circulaba a una velocidad estimada en doscientos cincuenta kilólemtros por día transmitía los mensajes que consistían en cuerdas anudadas.

Impusieron su poder desplazando poblaciones enteras de sus tierras nativas hacia otras tierras para dividirlos y controlarlos de manera más eficiente.

La religión del estado inca, dirigida por sacerdotes, adoraba muchos dioses y las religiones de los pueblos preincaicos fueron toleradas, lo que llevó a una mezcla compleja de ceremonias, prácticas y creencias animistas en poderes mágicos junto con el culto de la madre naturaleza. Entre los dioses incas más populares, destacan los siguientes:

Inti o *Apu-Punchau*, el dios del Sol: deidad suprema cuyo culto era obligatorio.

Viracocha, el dios de la creación: también era el dios de la creación de las civilizaciones de Tiahuanaco.

Apu Illapu, el dador de las lluvias: divinidad a la cual el hombre ordinario dirigía sus rezos para solicitar la lluvia.

Mama-Kilya, la mujer del dios del Sol: la madre de la Luna y la reguladora del ciclo menstrual de las mujeres.

Mama-Paca era la Madre de la Tierra, *Mama-Qoca* la Madre del mar, etc.

Los gustos de los Incas eran simples y sobre todo funcionales. Los edificios fueron construidos con piedras cuidadosamente talladas y ajustadas con precisión, pero sin ostentaciones o decoración accesoria. No produjeron estatuas grandes ni esculturas arquitecturales. Las ciudades de montaña inca tales como Machu Picchu eran cuidadosamente delineadas para armonizar con el paisaje circundante.

El santuario de Machu Picchu, ¿herencia atlante?

Cuando la selva deja ver por fin Machu Picchu, su enormidad atenaza al más pintado. Se trata de una ciudadela construida con unos conocimientos de ingeniería extraordinarios, primera cosa que sorprende viniendo de los incas, un pueblo que, aunque poderoso, no conocía avances básicos como la escritura o la rueda, pero que parece que fue capaz de crear esta maravilla arquitectónica. El estilo es inconfundiblemente inca, pero todo parece indicar que, en este caso, recibieron ayuda extra.

Una de las muchas imágenes desconcertantes que podemos observar en una piedra de Ica. La tecnología que nos muestran los guijarros no se corresponde con la época en que supuestamente fueron esculpidos

Machu Picchu fue un importante centro económico, cultural y religioso de los incas, sobre todo esto último, pues es donde celebraban sus rituales más importantes.

La historia del emplazamiento no está totalmente clara. La ciudad fue construida entre los años 1400 y 1530, antes que Pizarro se encargara de iniciar el declive y desaparición del imperio inca. Hay una teoría que no encuentra consenso entre los estudiosos, pero la ciudad parece que fue abandonada antes de ser descubierta por los españoles, otro enigmático suceso del cual difícilmente nunca sabremos la razón.

Los incas, liderados por Manco Inca y después por Tupac Amaru, lucharon contra los europeos como buenamente pudieron, y como consecuencia muchas construcciones se destruyeron y las vías de comunicación entre las ciudades quedaron cortadas. Se especula con que los incas llevaron a las personas especiales, aquellas que eran sagradas, además de a los nobles o privilegiados, a un lugar donde pudieran estar protegidos para continuar su camino espiritual. Y así, la nación inca desapareció, aunque Machu Picchu permaneció prácticamente intacta en lo alto de su montaña hasta que en 1911 fue descubierta para el mundo por Hiram Bingham.

Machu Picchu ocupa la cumbre de una montaña de difícil acceso, protegida por montes más altos, al lado del cañón del río Urubamba. Altos picos alrededor de Machu Picchu protegen los cuatro rincones, que representan los dioses señores de las montañas.

La vecina montaña Hauynapicchu tiene tres picos: Salcantay, Willaweq'e (o Verónica) y Pumasillo, que representaban para los incas, respectivamente, el padre, la madre y el hijo. O también la Luna, el Sol y las estrellas.

Poco se sabe de su población. Investigadores localizaron tumbas en las laderas de las montañas que revelaron un hecho intrigante: más del 60 por ciento de los esqueletos eran de mujeres. De nuevo surge el enigma. Si se fueron, ¿dónde se refugiaron y por qué sólo marcharon los hombres o, en todo caso, muy pocas mujeres entre ellos?

Machu Picchu posee amplios terrenos que se utilizaban para el cultivo, pero la parte urbana contrasta por sus construcciones imponentes como templos, palacios y observatorios astronómicos. Destacan las construcciones llamadas Puerta del Sol, Templo de las Tres Ventanas, Templo de las Aguas y Templo del Cóndor.

La parte urbana tiene en su centro un área enorme, utilizada para rituales y festivales. Al lado oeste, sobre una elevación, está la pirámide sagrada de Intihuatana, que demuestra el gran dominio de los incas sobre técnicas arquitectónicas en este mágico emplazamiento. En el centro de esta pirámide sagrada se halla un espectacular reloj de sol.

Dicen las gentes del lugar, algunos descendientes de sus gloriosos antepasados, que Machu Picchu continúa tan viva como siempre estuvo, que las energías sagradas ya estaban allí antes de la llegada de los incas y siguen protegiendo el lugar.

De estas leyendas populares, anteriores al imperio inca, surgen las leyendas que relacionan el emplazamiento con la antigua y misteriosa tierra de la Atlántida. Es curioso que fuera el gran filósofo griego Platón el primero que hablara abiertamente y dejara constancia escrita de la historia del legendario continente.

Presuntamente situado encima del Ecuador, entre Europa y América, se trataba de una tierra privilegiada, habitada por seres casi divinos que dominaban técnicas imposibles para su época y vivían entre grandes lujos y esplendor. No está claro qué cataclismo fue el que habría sumergido abruptamente esta enorme isla, haciéndola desaparecer para siempre de la faz del planeta junto con sus maravillas.

Muchos sobrevivientes habrían logrado navegar hasta los continentes vecinos, algunos emigrando hacia el continente americano, entrando por donde ahora están México y Estados Unidos, y otros a Europa y el norte de África. Mucho más avanzados que los nativos, los atlantes habrían encontrado un terreno abonado para convertirse en maestros y sacerdotes en las nuevas tierras.

De entre los que fueron a Europa, un grupo entró por el norte de la Península Ibérica, creando la ruta que es hoy el Camino de Santiago. Muchos de sus integrantes atravesaron toda Europa, y a lo largo de los años sus descendientes llegaron a Oriente Medio y Extremo Oriente, de forma que, en última instancia, la Atlántida sería la verdadera cuna de las grandes civilizaciones de todo el planeta.

Los que habrían desembarcado en la región de México generaron los inicios de las naciones azteca y maya. Sus descendientes habrían emigrado para el sur, llevando el embrión a la cultura inca. Y su mayor logro habría sido esta ciudadela escondida entre brumas, Machu Picchu.

Una vez los atlantes se hubieran infiltrado entre los incas, convirtiéndose seguramente en los sacerdotes o consejeros más importantes del imperio, habría sido fácil encontrar la manera de trasladarse a un lugar sagrado como este donde llevar una existencia muy pacífica lejos de la capital y donde poderse dedicar a lo que parece que era su quehacer favorito: observar el cielo.

Así es, Machu Picchu es también una especie de observatorio astronómico. El Templo de las Tres Ventanas es un claro homenaje a la madre tierra, *Pachamama*, y tiene ventanas en dirección este-oeste que marcan, entre otras cosas, el nacer del sol en el solsticio de invierno (en el mes de junio en el hemisferio sur).

Las tres ventanas serían, también, resultado de la numerología inca. El número uno simbolizaba el Padre Creador del Universo, Viracocha. El número dos significaba dualidad, complementariedad, oposición. El número tres representaba la dimensión espiritual de la vida.

El altar de piedra de la pirámide está alineado con el solsticio de verano y todo el lugar tiene relación alguna con los alineamientos de los cuerpos celestes, por no hablar del ya citado reloj de sol, un avance extraordinario para la época.

Esta construcción sería dedicada, también, a los animales símbolos de los tres mundos del universo inca: el cóndor, representando el paraíso, el puma (o jaguar), la vida presente, y la cobra, representante del mundo interno, el mundo no físico.

Desde luego, siempre se ha hablado que los atlantes, y si en verdad existieron, claro está (Platón murió antes de completar la obra en que hablaba de ellos y nunca sabremos si se trataba de una parábola), eran en realidad visitantes del espacio exterior. La teoría más atrevida, al mismo tiempo que la más extendida, era que se trataba de humanoides prácticamente idénticos a nosotros pero procedentes del espacio exterior que, o bien se instalaron en nuestro planeta voluntariamente, o bien un accidente les hizo tener que quedarse e instalarse. Dentro de esta teoría se apunta que ese gran cataclismo podía haberse dado merced a un accidente (uno de carácter atómico) o a causa de luchas internas entre los que querían volver a su planeta y los que querían quedarse. En todo caso, los pocos supervivientes serían los que se habrían desperdigado por el planeta, legando su conocimiento a cambio de privilegios. El hecho de que no se multiplicaran obedecería al ADN diferente entre las especies humana y alienígena, incompatible para crear descendencia y que les condenaría al exterminio.

Otras voces niegan esta última apreciación, sobre todo cuando hablan de los incas y Machu Picchu, pues apuestan por una acción atlante en la pronta y efectiva desaparición de los incas cuando todo ya estaba perdido ante los invasores europeos. Según estos teóricos, viéndose acorralados por fuerzas que les superaban, o bien para evitar verse obligados a recurrir a su avanzada tecnología extraterrestre y descubrir todos sus secretos, prefirieron «llamar a casa» y volver a su lugar de origen, seguramente acompañados por unos cuantos elegidos destinados a repoblar su, supuestamente, desolado hogar. De ahí que pocas mujeres fueran elegidas, quizá, pues la incompatibilidad genética no las hacía aptas para que de sus úteros nacieran extraterrestres, por muy humanos que parecieran.

Para acabar de hablar de esta misteriosa ciudadela, lo haremos con un dato curioso: los conquistadores españoles, guiados por las historias de una «ciudad de oro» (seguramente una metáfora de la maravilla que suponía ver en la época algo como Machu Picchu), se empecinaran en encontrar lo que ellos llamaron «El Dorado», cuando lo único que buscaron infructuosamente fue esta ciudad esplendorosa en lo alto de una montaña.

La relación entre la isla de Pascua y Tiahuanaco

La hazaña técnica que hizo posible la construcción de las estructuras megalíticas europeas resulta admirable, ya hemos hablado de ello anteriormente. A veces se ha querido atribuir repetidamente un origen sobrenatural a esta actividad de nuestros antecesores históricos, mientras que otros han intentado, como hemos visto por ejemplo en el caso de Nazca, reconstruir las condiciones exactas en que se dieron ciertos fenómenos y descubrir así si fue posible o se trata de entelequias.

Indudablemente, el intento de reconstruir los métodos que usaban los constructores del pasado conlleva muchos riesgos. Existe el peligro de entusiasmarse con una técnica sin hacer verificaciones experimentales rigurosas, o de sacar conclusiones a partir de experimentos en pequeña escala. El explorador noruego Thor Heyerdahl incurrió en parte en este error cuando intentó reproducir las hazañas de los constructores de estatuas de la isla de Pascua.

En 1956 se quiso demostrar que las estatuas de la isla de Pascua habían sido hechas sin demasiados problemas y sin «intervención externa» de ninguna clase, por sus antiguos habitantes... pero además de romper la estatua usada, no se dieron cuenta que usaron cuerdas modernas para levantarla, por poner sólo un triste ejemplo.

La isla de Pascua es un punto remoto en el océano Pacífico, la más oriental de las islas de Polinesia, plagada de sus famosas y originales estatuas con cabezas gigantescas y sin piernas. Se conocen unas mil, por lo menos. De ellas, algunas yacen aún en las canteras, de donde no fueron retiradas, otras están estropeadas y mutiladas, pero la mayoría se yerguen sobre la isla rocosa y estéril de espaldas al mar. Miden entre cuatro y cinco metros, y muchas de ellas pesan hasta ochenta toneladas. ¿Cómo fueron trasladados estos monstruos pétreos hasta sus actuales emplazamientos?

Heyerdahl se había especializado en demostrar lo indemostrable cuando, con la expedición de la Kon-Tiki, realizó una travesía del Pacífico desde Perú a Polinesia con medios tecnológicos muy primitivos, y aclaró el posible parentesco entre el arte inca y el polinesio. Posteriormente, en el transcurso de sus trabajos en la isla de Pascua, intentó responder a esta otra pregunta. Organizó a una docena de habitantes de

¿Qué y hacia dónde miran las estatuas de la isla de Pascua? Para muchos investigadores son la representación de un dios primigenio, otros quieren ver en ellos el rostro de seres llegados del espacio.

la isla para que trasladaran una estatua y la levantaran. Tardaron dieciocho días, pero al final lo lograron.

Esta hazaña fue justamente criticada, y se la considera una contribución poco relevante para resolver el enigma de la isla de Pascua. La cabeza que se trasladó era una de las más pequeñas (pesaba menos de quince toneladas). Fue desplazada sólo unos cien metros por un terreno liso y arenoso, y con la ayuda de sogas modernas, como ya se ha dicho. Esto tiene poco que ver con el viaje de 6,5 kilómetros que hizo la mayor de las estatuas de la isla, un gigante de ochenta toneladas. Las estatuas tampoco sufrían daños cuando eran levantadas, mientras que el grupo de Heyerdahl estropeó la cabeza de la estatua que transportó.

Dioses petrificados del espacio exterior

Pero ni las teorías de los sabios cómodamente sentados en sus poltronas, ni los experimentos llevados a cabo por Heyerdahl u otros, logran desvanecer las dudas que emanan del impresionante paisaje de la isla de Pascua, ni la idea de que esos antiguos dioses (si eso es lo que eran) «anduvieron» hasta sus emplazamientos definitivos por medios que no logramos comprender, y allí quedaron petrificados.

Y hace falta aguzar aún más el ingenio para descubrir la forma en que fueron construidas las ciudades y fortalezas de los Andes. Tiahuanaco se halla a cuatro mil metros sobre el nivel del mar, una altitud que los visitantes sienten en sus pulmones si no han nacido en aquellas alturas. La ciudad, situada en el territorio actual de Bolivia, no está lejos del lago Titicaca. Nadie sabe con exactitud cuándo fue construida: quizá entre los años 200 y 600 de nuestra era, quizá antes, quizá después... Sus templos son macizos e impresionantes. Los bloques que los componen son enormes (algunos pesan cien toneladas). Se han encontrado las canteras de donde provienen, y están a distancias que oscilan entre los cien y los doscientos kilómetros.

No existe ninguna representación gráfica de los trabajos de construcción de Tiahuanaco. Parte de las piedras, por lo menos, fueron traídas a través del lago, durante la estación en que sus aguas crecen. Pero otras tienen que haber venido por tierra. Quizá se construyeron rampas lubricadas con arcilla húmeda para hacer subir las piedras por las cuestas. La ciencia convencional sostiene que si éste no fue el sistema empleado, tuvo que ser otro parecido. Sabemos tan poco de la sociedad que construyó Tiahuanaco, que es posible suponer que grandes cantidades de esclavos u hombres libres pudieron haber tirado de los bloques.

Pero tampoco podemos criticar a la ligera a los teóricos menos convencionales cuando éstos descartan estas conjeturas y en cambio recuerdan las leyendas que los incas contaron a los españoles en el siglo XVI. Esas leyendas afirmaban que Tiahuanaco fue construida por seres barbados de piel blanca, dirigidos por el dios Tiki Viracocha. Heyerdahl bautizó Kon-Tiki a su balsa porque creía que ese mismo pueblo se había hecho a la mar en dirección al oeste, para fundar la sociedad constructora de estatuas de la isla de Pascua. Así quedan vinculadas las habilidades casi mágicas de los pobladores de Pascua con la supertecnología de la que parecen dar fe las ruinas de Tiahuanaco.

Heyerdahl sostiene que los primeros colonizadores usaban balsas, y no cree en la posibilidad de una intervención extragaláctica. Erich von Daniken, en cambio, afirma que los seres de cuatro dedos que aparecen grabados en algunas piedras de Tiahuanaco son retratos de antepasados de cuatro dedos que llegaron desde el espacio. Para terminar con estas especulaciones, sería necesario que algún arqueólogo demostrara que las explicaciones convencionales son factibles organizando el transporte de un bloque de cien toneladas por un terreno irregular (bosques y ríos incluidos) en una distancia de ciento sesenta kilómetros.

Y todo esto sin hablar de los atlantes...

Tecnología faraónica, las pirámides egipcias

La única de las siete maravillas del mundo antiguo que sigue en pie, la gran pirámide de Gizeh, a unos kilómetros al sudoeste de El Cairo, ha sido objeto de especulaciones durante siglos. Fue construida en el siglo XXVI a.C. por y para el faraón Keops.

Mide 137 metros de altitud y está posada sobre un suelo de roca nivelada, y su base cubre un área de 5,2 hectáreas. Se calcula que la pirámide está compuesta por dos millones y medio de bloques de piedra arenisca, que pesan unos 6,5 millones de toneladas en total. Cuando estaba recién construida, la tumba real resplandecía de blancura, pues estaba forrada de piedra caliza alisada; este recubrimiento fue víctima del pillaje hace mucho tiempo. Durante siglos conservó ese revestimiento que hacía que pareciera que se trataba de un solo bloque de piedra desde la base hasta la cúspide.

Ya podemos imaginar lo que costaría levantar esa estructura, hoy en día, pero ¿cómo fue posible para los egipcios? Escritores como René Noorbergen y Erich von Daniken afirman que dos millones y medio de bloques, con un peso promedio de 2,5 toneladas, no pudieron ser transportados y manipulados por cien mil hombres (cifra que proporciona el historiador griego Herodoto) durante los veintidos años que duró el reinado de Keops. Siguiendo con las estadísticas, Noorbergen llega a la conclusión de que estamos hablando de un proyecto que requirió por lo menos un millón de personas, es decir, un tercio de la mitad de la población estimada de todo Egipto alrededor del año 2700 a.C.

Noorbergen también teoriza largo y tendido sobre la cantidad de madera necesaria para construir las barcazas que traían los bloques por el Nilo desde lugares tan lejanos como Assuán (960 kilómetros), y para los deslizadores o rodillos con los que eran colocados en su posición. Asegura que «los matemáticos nos dicen que se hubiesen necesitado veintiséis millones de árboles para fabricar la cantidad necesaria de balsas y rodillos». Teniendo en cuenta que el continente no ha cambiado tanto desde aquel tiempo, es difícil de imaginar.

Sin embargo, no hay que perder de vista el hecho de que la mayor parte del núcleo de piedra arenisca de la gran pirámide fue extraído de canteras locales, de modo que no fue necesario traerlo desde tan lejos.

Aunque sumamente interesantes, los argumentos de Noorbergen no confirman en absoluto que las pirámides fueran anteriores al Diluvio Universal del que se habla en la Biblia u otras fuentes, ni que fueran construidas con una supertecnología actualmente perdida.

De hecho, el desarrollo de las técnicas de construcción egipcias puede ser seguido a lo largo de los siglos.

Hábiles y rápidos constructores

Las hazañas de los antiguos maestros de obras pueden hacernos pensar que disponían de fuerzas enormes de las que no sabemos nada. A veces, los talentos característicos de la raza humana (fuerza de voluntad, inteligencia, destreza y experiencia) no bastan para justificar ciertos hechos, como la existencia de baterías eléctricas de 1.500 años de antigüedad, o el hallazgo de artefactos de metal en lo más profundo de rocas antiguas (*ver siguiente capítulo*). No hay duda que la tecnología antigua permanece en gran parte inexplicada, o más bien incomprendida.

La pirámide de Keops se halla en la ribera izquierda del Nilo, y es la más septentrional. Se considera que dicho monumento fue edificado durante el reinado de Keops o de Koufou, reyes de la IV dinastía, o sea, entre los años 3000 y 2500 a.C. Se supone que Melquisedec o Enoc fueron los arquitectos que trazaron los planos.

Unos creen que ésta, junto a las otras dos pirámides, servían como tumbas, otros, como templo, lo cierto es que las tres grandes pirámides de la meseta de Gizeh están distribuidas sobre el desierto de manera idéntica a como estaban las tres estrellas del «cinturón» de la constelación de Orión, según el ingeniero angloegipcio Robert Bauval.

Estudios de este ingeniero revelaron que para los antiguos egipcios Orión era el equivalente celestial del dios Osiris, y su «cinturón» era lo que los egipcios llamaban el *Duat*, una especie de «puerta» por la que el alma del faraón debía pasar para llegar al *Amenti*, al más allá.

Está construida en forma de que sus lados se orienten hacia los cuatro puntos cardinales, y de modo que el reflejo de las sombras acusara con una exactitud cronométrica los puntos esenciales del año solar, dando las fechas precisas de los equinoccios de primavera y otoño y los solsticios de invierno y verano. Además, sumando las dos diagonales de la base, aparece una cifra en pulgadas piramidales que es, precisamente, el número de años que se requiere para que los equinoccios vuelvan a la misma posición y tengan lugar sobre el mismo punto.

Ya hemos comentado que el historiador Herodoto dejó escrito que cien mil hombres trabajaron durante veinte años y que se emplearon diez en construir la calzada por donde debían arrastrarse las piedras. Este camino tiene 925 metros de largo por 19 de ancho y 15 de alto en su mayor elevación, es de piedras pulidas y está ornamentado con figuras de animales. Las piedras conducidas, ya labradas, eran enormes, algunas tenían cerca de diez metros de longitud.

En las pirámides podemos observar un exquisito sistema de edificación, verdaderamente sorprendente para la época en que fueron construidas.

Al contrario que en otros aspectos de la cultura egipcia, no existen datos que ayuden a aclarar el método utilizado para su construcción. Evidentemente sí existen papiros antiquísimos y varios jeroglíficos que narran su edificación, pero desde un prisma que venera su obra y el rey-dios a la que está dedicada, sin entrar en detalles que nos acerquen a la comprensión de la obra.

Una pirámide única

Pero además de no poder acercarnos definitivamente a la solución del enigma, existe aún otra cuestión que hay que abordar, tanto o más importante que el método de su construcción: ¿con qué fin se construyó?

A diferencia de las otras pirámides de Egipto, la de Keops tiene pasadizos y cámaras interiores a una altura del suelo muy elevada. Una única puerta se encuentra en la cara norte, que conduce a un pequeño pasadizo que curiosamente desciende hasta una cámara desde la cual se accede a otro pasadizo mayor que asciende hasta una cámara diminuta que fue llamada de la Reina. Luego sigue ascendiendo y así llegamos a la Gran Galería, un pasillo inclinado muy largo (casi cuarenta y ocho metros) y de techo altísimo (ocho metros y medio). Al final se encuentra la Cámara del Rey, donde se halla lo que parece ser un sarcófago en el que, si alguna vez hubo algo, ningún vestigio ha quedado para atestiguarlo.

Cuando la entrada fue descubierta en el año 820 d.C. por los hombres de Abdullah el Mamun, el joven califa quería encontrar la supuesta cámara secreta repleta de mapas y tesoros, más para el saber que para la bolsa, pues no en vano era un gran erudito y matemático, pero lo primero que se encontraron fue el pasadizo bloqueado por un desprendimiento, descubriendo que nadie hollaba aquel lugar desde hacía tres mil años por lo menos. Y cuando despejaron el camino, encontraron en su interior lo mismo que hay hoy en día: nada. Las paredes vacías de pinturas o inscripciones (hay unos pocos jeroglíficos y cartuchos, pero en una tumba pequeña se encuentran muchísimos más que en Keops), ningún objeto ceremonial o de otra clase y el sarcófago vacío de cualquier resto, si es que alguna vez lo hubo.

Entonces, si por lo que parece el lugar nunca se hizo servir para enterrar al faraón Keops, ¿cuál era la finalidad de la construcción de la Gran Pirámide? Si no era una tumba, ¿qué fin encerraba su construcción, que costó la vida y el sudor de miles de personas? Como vemos, los grandes constructores del pasado no son enigmáticos sólo por sus métodos, sino también por sus intenciones finales.

Sahure: el origen de la técnica que posibilitó Keops

Como todas las situadas en la zona arqueológica de Abusir, la Pirámide de Sahure, perteneciente a la V Dinastía, es una construcción humana. Sin embargo, en su templo adosado los investigadores han observado el uso de técnicas propias de las grandes obras de Gizeh, aquellas erigidas por arquitectos de origen desconocido.

Las similitudes entre Sahure y la Gran Pirámide han llevado a suponer a los estudiosos que el templo de la primera perteneció originariamente a la segunda. Una vez más, la huella de los dioses siembra el desconcierto en la interpretación de la historia...

Las pirámides de Abusir se ven desde todas partes. Los millones de turistas que visitan Gizeh o Sakkara pueden divisarlas a lo lejos. Pero, aunque todos saben dónde se encuentra esta zona arqueológica, lo cierto es que sólo unos pocos han estado allí. Recortada en el horizonte, perdida en mitad de ninguna parte, sus piedras duermen el letargo del abandono.

Es posible que fuera esa soledad lo que llevó a los faraones de la V Dinastía a elegir este lugar para elevar en él sus santuarios. Si fue así, consiguieron su propósito, ya que durante milenios sólo los chacales perturbaron el silencio de Abusir, pues los saqueadores prefirieron profanar otras necrópolis más ricas y el viento fue amontonando arena sobre tan enigmáticas construcciones.

Son muchos los misterios que quedan por resolver en Abusir. El primero de ellos es evidente: veinte años después de haber erigido las de Keops, Kefrén y Micerinos, a los egipcios se les «olvidó» cómo edificar pirámides. La arqueología oficial explica este enigma de forma, cuando menos, poco convincente. Durante el reinado de estos monarcas de la IV Dinastía —dicen los arqueólogos—, el pueblo vivió oprimido por sus gobernantes, obligado a dedicar todo su esfuerzo en amontonar bloques en su honor. Posteriormente, con la siguiente dinastía, los trabajadores volvieron a sus quehaceres habituales, por lo que los nuevos reyes no contaron ni con la mano de obra ni con los fondos necesarios (que sus predecesores se ocuparon en derrochar). Una teoría que, como vemos, no termina de explicar lo sucedido hace más de 4.500 años.

La perfección de las pirámides de Gizeh es de tal envergadura que, para acometer esta empresa, sólo puede pensarse en obreros especializados y no en cientos de miles de labradores privados de su forma de vida cotidiana. Veamos por qué.

Los estudios realizados en los pocos bloques de revestimiento que quedan de la Gran Pirámide indican que sus seis caras, con más de dieciséis metros cuadrados de superficie, fueron terminadas con un error óptico de 0,05 milímetros por metro, lo que supone una perfección mayor que la conseguida en la lente principal del telescopio de Monte Palomar, ahí es nada...

Este ajuste óptico de caras y perfiles se realizó en los 27.000 bloques de revestimiento que conforman la obra. Es decir, en Egipto se consiguió a escala industrial lo que nosotros no podemos realizar ni siquiera a nivel artesanal.

Por tanto, más que en labradores debemos pensar en una industria lítica imposible para unas gentes que sólo poseían herramientas de cobre y desconocían la rueda o la polea. Pero si algo contradice la teoría oficial es, sobre todo, la técnica aplicada en estas construcciones, que aún hoy resulta desconocida para la arqueología.

Si hacemos caso de las tesis oficialistas, por lógica deberemos pensar que es muy probable que los canteros de Abusir fueran los mismos —o sus alumnos— que los que erigieron las construcciones de Gizeh. Entonces, ¿cómo es posible que en tan breve período de tiempo perdiesen los conocimientos propios de su oficio?

Bien es cierto que, en lo que a los fondos y el tiempo necesario se refiere, no es lo mismo alzar una pirámide de quince metros de altura que hacer una de 150 metros. Sin embargo, resulta lógico pensar que la pericia de unir dos bloques debería ser técnicamente la misma en ambos casos. Podríamos creer, como hace la arqueología oficial, que, efectivamente, los faraones de la V Dinastía no dispusieron de la mano de obra multitudinaria y los fondos con que se contó para los proyectos de Gizeh.

Pero lo que resulta ingenuo es pensar que tampoco pudieron contar con los especialistas, y las técnicas utilizadas por éstos, encargados de erigir aquellas magníficas construcciones. Entonces, ¿cómo se explica que entre los bloques de Gizeh no quepa ni una cuchilla de afeitar, mientras que en los de Abusir (supuestamente inmediatamente posteriores) se puede introducir tranquilamente un dedo, cuando no la mano entera? No parece, cuando menos, lógico.

La extraña relación entre Keops y Sahure

Userkaf, el primer faraón de la V Dinastía, inmediatamente posterior a los grandes reyes de la IV, se hizo construir su pirámide en Sakkara. Ninguno de los bloques de esta construcción, que carece de revestimiento alguno, supera la media tonelada y su altura debió resultar irrisoria para un pueblo que, supuestamente, había visto levantar las obras de Gizeh. A menos que el orgullo del faraón no se sintiera resentido por saber que, en realidad, las grandes pirámides no fueron alzadas por los egipcios.

Lo más significativo de las pirámides egipcias es el hecho de que, mientras en el interior de las construidas durante la III, V y VI Dinastías se han encontrado restos de ceremonias e inscripciones jeroglíficas que las sitúan en el contexto histórico del Antiguo Egipto, en las de la IV Dinastía no existe el más mínimo dato que resuelva su origen. Pero, además, dado su elevado nivel tecnológico, estas construcciones resultan absolutamente anacrónicas si hacemos caso de la arqueología oficial cuando asegura que fueron erigidas durante la IV Dinastía.

Desde hace unos años el Ministerio de Antigüedades Egipcias está efectuando trabajos de desescombro y restauración en Abusir. Todas las construcciones de la zona, realizadas durante la V Dinastía, no son hoy más que informes sobre masas donde se mezclan la piedra y la arena y cuyos perfiles originales hay que «intuir». Todas menos el templo del faraón Sahure, adosado a su pirámide, que alberga otro de los grandes misterios de Egipto, pues presenta en su construcción elementos que resultan, una vez más, anacrónicos para la época en que supuestamente se erigió, elementos que, además, le relacionan con la Gran Pirámide.

En la pirámide de Keops los arqueólogos no han encontrado restos de templo alguno adosado a ella. Resulta inexplicable, pues el resto de las pirámides similares a ella (las de Snefru, Kefrén y Micerinos) sí los poseen. Es lógico suponer, por tanto, que Keops, supuesto artífice de la Gran Pirámide, siguiera la tradición de su padre. Por tanto, debió erigir, o apropiarse, de construcciones anejas a la pirámide destinadas a ser recinto de su propio templo. Pero de ello no queda rastro alguno. Pues bien, lo más probable es que parte de este templo se encuentre diseminado por otras construcciones del Antiguo Imperio y, en especial, en el templo de Sahure.

La solución lógica es pensar que Sahure debió expoliar el templo de Keops en beneficio propio. Y lo peor es que con ello instauró la costumbre de destruir construcciones antiguas para que sus piedras sirvieran a los futuros edificios, pasatiempo muy popular entre los faraones del Imperio Nuevo. Éstos, no contentos con tales tropelías, llegaron incluso a tachar el cartucho del rey constructor para poner encima su propio nombre y, con ello, reclamar la autoría de la magna obra.

A Sahure también se le debe el origen del gremio de los «chapuzas», críptica orden que se ha mantenido hasta nuestros días y que tiró por el camino de en medio a la hora de ensamblar las piedras. Los arqueólogos egipcios han sacado a la luz lo que fue la entrada del templo de este rey, cuyos pasillos y principales salas se nos muestran tan sólo en sus primeras hiladas de bloques, ya que el monumento sirvió de cantera a otros faraones que siguieron el ejemplo de Sahure con indudable sentido del humor.

Sus expolios consiguieron almacenar bloques de diferentes tipos de roca que fueron colocados siguiendo las instrucciones de un arquitecto seguramente ebrio. Algunos muros compaginan piedras de granito negro con caliza, adornados con incrustaciones de granito rojo. Los bloques, de distinto tamaño, configuran unas paredes precursoras del arte abstracto. Gran parte de los sillares se hallan labrados con muestras de su anterior utilidad, sirviendo sin embargo como dintel o para alojar una bisagra o cierre. Salvando estos pequeños detalles, el templo quedó concluido con unas cámaras ofrecidas a su nombre.

¿Tecnología proveniente del espacio?

La importancia del santuario de Sahure radica en que incorpora bloques procedentes de la Gran Pirámide, el monumento atribuido a Keops que posee una tecnología no superada por ningún otro. En dos rocas de granito rojo que se encuentran una en la entrada original y otra en el pozo de la Cámara del Caos, hemos hallado unas perforaciones o trépanos, de unos quince centímetros de diámetro, de imposible manufactura. Fueron estudiadas por Petrie, quien llevó unas muestras a Inglaterra para ser analizadas por el eminente petrógrafo Benjamín Baker, el ingeniero de la antigua presa de Assuán.

Realmente no son perforaciones, ya que el objeto que las produjo era un cilindro hueco que, tras introducirse en la roca, dejaba un tarugo en su interior que luego era roto por medio de un golpe. Lo singular es que podía apreciarse la capacidad de perforación y que ésta arrojó un resultado desconcertante. En cada vuelta, el taladro se introducía 2,5 milímetros; sin embargo, la dureza extraordinaria del granito rojo hace que, en la actualidad, con nuestra más moderna tecnología, las puntas de diamante sintético sólo penetren 0,05 milímetros por vuelta, cincuenta veces menos que lo logrado en la Gran Pirámide. El diamante posee una dureza 10, mientras que la widia (carburo de tungsteno) o diamante sintético tiene una dureza 11. No existe dureza superior de forma natural en todo el sistema solar. Sir Benjamín Baker calculó que la broca utilizada no podía tener una dureza inferior a 500.

Un gran enigma estaba servido, un misterio para el que la ciencia no tiene explicación posible, ya que no admite la existencia de herramientas procedentes de otro lugar ajeno a la Tierra.

En el templo de Sahure, una de las brocas tenía quince centímetros de diámetro, igual que algunas de las muestras encontradas en la Gran Pirámide. Otros trépanos de este templo poseen dos, tres y siete centímetros de diámetro. En el tanque de granito de la Cámara del Rey de la Gran Pirámide podemos ver otras perforaciones realizadas con brocas de un centímetro de diámetro, que penetran en el granito con la misma facilidad que las grandes.

Es evidente que la increíble tecnología y conocimientos que poseía el pueblo egipcio en relación con la Astronomía, la Medicina, la Biología o la Geometría no pudieron ser adquiridos por su experiencia cultural. ¿Llegaron éstos del espacio?

Pero los misterios del templo de Sahure no cesan con los trépanos. También se han encontrado en él muestras de ablandamiento de rocas, lo que constituye una prueba de que las piedras empleadas por Sahure fueron extraídas de la pirámide atribuida a Keops, pues esta técnica tan especial de manufacturación fue sólo detentada por el arquitecto de la Gran Pirámide. En la pirámide podemos ver claramente al natural la huella dejada por un pie, un número 37, para más señas, grabada en una roca de granito de enorme dureza. Es imposible que Sahure conociera estas técnicas, pues de ser así habría construido su templo de otra forma.

Sólo el estudio multidisciplinar de todas las ciencias podrá dar con las soluciones a los problemas planteados en el Antiguo Egipto. En el caso del templo de Sahure será la Geología quien tendrá la última palabra sobre lo que encierra el complejo. Afortunadamente son muchos los científicos que se están sumando al estudio de nuestro pasado con la mente libre de prejuicios y, con toda probabilidad (y a pesar del gran miedo que sigue existiendo a la hora de internarse en este mundo de lo desconocido, derribar barreras o pensar siquiera en la posibilidad de que otros seres del universo se hayan asomado a nuestro planeta), serán ellos quienes vayan aportando los datos capaces de echar por tierra las teorías preestablecidas.

Ovnis y pirámides

Aunque la mayor parte del trabajo arqueológico se ocupa de las baratijas y ruinas que dejaron las sociedades antiguas, de vez en cuando aparecen objetos que sobrepasan todas las estimaciones que hasta el momento se habían hecho de la capacidad técnica de una cultura antigua. Durante los años setenta del siglo XX, un equipo de arqueólogos que trabajaba en unas excavaciones de Bulgaria hicieron una serie de asombrosos descubrimientos acerca de la cultura neolítica de Karanovo, que floreció allí alrededor del año 4500 a.C. Los hallazgos pertenecen a una época en que, se pensaba, el hombre casi no conocía la metalurgia; sin embargo, las tumbas de Karanovo revelaron un sorprendente tesoro de armas y joyas de oro y cobre maravillosamente realizadas. Descubrimientos de esta clase obligan lenta pero continuamente a los arqueólogos a revisar sus ideas acerca de los conocimientos técnicos del hombre antiguo.

Egipto ha producido más maravillas científicas, con frecuencia de gran antigüedad, que cualquier otra región. Los antiguos egipcios poseían conocimientos avanzados de medicina y cirugía. Sabían lo suficiente como para emplear anticonceptivos de miel y resina de acacia (un eficaz espermicida) y se ha afirmado que conocían el uso de la penicilina. Un modelo de planeador de madera que data del año 200 a.C., aproximadamente, hallado en Sakkara, demuestra por lo menos una comprensión básica de los principios de la aerodinámica.

Von Daniken y otros defensores de la teoría de los «astronautas antiguos» sacan conclusiones similares de muchas de las maravillas arquitectónicas del mundo antiguo. Otra estructura misteriosa que se cita con frecuencia es el gran complejo de piedra de Tiahuanaco, cerca del lago Titicaca, en el altiplano de Bolivia (del que hemos hablado brevemente en este mismo capítulo).

Pero, ¿constituye la hipótesis extraterrestre una buena explicación de las antiguas «anomalías» técnicas? Desgraciadamente, los escritores como Von Daniken suelen exagerar y distorsionar las pruebas. Y, para demostrar que la ayuda extraterrestre fue necesaria, este controvertido autor tuvo que intentar desacreditar a los egipcios al sugerir que carecían de los recursos necesarios para una empresa tan importante como la construcción de la Gran Pirámide.

Casi todas las etapas del razonamiento de Von Daniken se apoyan en una interpretación errónea de los hechos. El hecho es que el nombre del faraón Keops, recordado por generaciones posteriores como el cruel amo que ordenó la construcción de la Gran Pirámide, está grabado en algunos de los bloques de piedra que la componen. Su estructura es una extraordinaria hazaña, pero los egipcios eran, sin duda, maestros de las matemáticas, la arquitectura, la albañilería, etc. Y además, quizá lo más importante de todo, de la organización. Las docenas de pirámides construidas a lo largo del valle del Nilo, aunque sean menores que la de Keops, atestiguan que los egipcios pudieron llevar a cabo aquella hazaña.

Los hallazgos arqueológicos, con tanta frecuencia fragmentarios, son demasiado limitados para reconstruir el verdadero potencial de los conocimientos y la destreza de los pueblos antiguos. No nos gustaría que nos juzgaran por los envases de refrescos, que durarán mucho más que los libros que describen nuestros sistemas de educación, las ideas de filósofos y santos, los conocimientos médicos y la capacidad matemática y científica que nos ha permitido llegar a los planetas más próximos. Ni nos gustaría pensar que un arqueólogo del futuro atribuyera los restos de una radio, preservada por casualidad, a una inteligencia extraterrestre.

Los teóricos de los astronautas antiguos consideran nuestra era como el momento más importante de la historia, un punto focal para la evaluación de todos los demás períodos. Libros como *Recuerdos del futuro* generan entusiasmo por los conocimientos científicos de la edad espacial. Tengamos en cuenta que Von Daniken escribió su primer libro para un público entusiasmado por el programa Apolo, que culminó en 1969 con el primer alunizaje tripulado: la prueba de que los viajes interplanetarios eran posibles.

Lo que es cierto es que muchas habilidades y técnicas que florecieron en el pasado han sido olvidadas, y muchos pretendidos descubrimientos son simples redescubrimientos de conocimientos que habían sido olvidados o destruidos por obra de la naturaleza o del hombre mismo.

La leyenda Wampee

Una leyenda que suelen citar los defensores de los astronautas antiguos es la historia de los indios norteamericanos sobre las aventuras de Algon o Wampee.

Este individuo estaba cazando un día cuando llegó a una depresión circular en un valle de ricos pastos. Oyó a lo lejos una música, levantó la vista y vio una mancha en el cielo; la mancha se acercó cada vez más y resultó ser un cesto que se posó en tierra en el círculo marcado en la hierba. Del cesto bajaron doce hermosas doncellas. Cuando comenzaron a danzar, Wampee, poseído por la pasión, corrió hacia el claro, pero, en cuanto ellas le vieron recomenzaron su canción y el cesto las volvió a llevar al cielo. Wampee volvió al claro con frecuencia y un día logró capturar a una de las doncellas, haciéndola su mujer. Ella le dio un hijo, pero sentía nostalgia, así que tejió un cesto circular y voló en él con su hijo. Nunca volvió a ser vista.

¿Será este mito el recuerdo de un antiguo contacto con extraterrestres, pese a su parecido con las historias de encuentros con duendes, de los que se ha hablado incluso en este siglo en los rincones más remotos de algunos países europeos?

De hecho, si comparamos los mitos que, supuestamente, describen visitas extraterrestres, las historias de hadas medievales y modernas, y las versiones más exóticas de contactos con ovnis, nos daremos cuenta de que, ciertamente, forman parte de un mismo fenómeno. En la actualidad viven muchas personas que afirman haber «visto» el mundo de las hadas o haber viajado en un platillo volante. Aunque probablemente, tuvieron alguna clase de experiencia, pocos aceptarían sus relatos literalmente.

Sin embargo, Von Daniken sí acepta sin rechistar un antiguo mito acerca de un romance entre un mortal y una diosa y lo presenta como «prueba» de que algunos extraterrestres manipularon genéticamente la evolución humana. Aunque menciona las observaciones de ovnis, el escritor ignora las curiosas historias de contactos con ovnis y los cuentos de hadas medievales. Pero los mitos de «dioses del espacio» que emplea como prueba guardan un asombroso parecido con antiguos contactos con ovnis. Los cuentos de hadas medievales constituyen un «eslabón perdido» vital que llena la laguna entre las dos clases de historias.

Durante muchos años se habló de los fenómenos OVNI en términos de vehículos extraterrestres, interpretación que está perdiendo fuerza. Aunque muchas observaciones de ovnis pueden ser de «aparatos» de algún tipo, esta teoría no explica las historias de contactos, fenómeno que parece ser por lo menos parcialmente mental.

Tal como Von Daniken ve el arte antiguo en términos de trajes espaciales y módulos lunares, el observador del «aterrizaje de un ovni» parece interpretar la experiencia a través de sus propios parámetros culturales y «ve» un carro ardiente, una nave de hadas o un módulo espacial según la época en que vive. Existen demasiadas historias de esta clase para dudar de la realidad del fenómeno, ya pertenezca al reino psicológico o al físico, en zonas que normalmente no suelen estar a nuestro alcance. Posiblemente participa de ambos, pero la interpretación en términos de cohetes o de alas transparentes es, ciertamente, una creación subjetiva del observador.

El intento de entender el mecanismo psicológico que existe detrás del amplio abanico de historias de los contactos del hombre con «otros seres» es una tarea menos fácil y quizás menos satisfactoria que las agradecidas teorías de los «hombres del espacio» en la línea de los astronautas antiguos; pero probablemente nos dirá más acerca de la mente humana y sus intentos de adaptarse a lo desconocido. En vez de obligar a los antiguos dioses a meterse en los trajes espaciales de los astronautas antiguos, deberíamos recurrir más a menudo a la mitología y al folclore para obtener una visión más amplia de las historias modernas de encuentros con seres «extraterrestres».

La muralla china: la construcción de una maravilla arquitectónica

Edificada en varias etapas, la primera por indicación de Qin Shi Huangdi, también Shi Huangdi, o Ts'in She Huang-Ti (259-210 a.C.), primer emperador de China y fundador de la dinastía Ch'in. Se habla de 400.000 personas trabajaron en la construcción durante el reinado de Qin Shi Huanti y sus descendientes, no obstante, la Gran Muralla siguió creciendo durante mas de 1.500 años, con distintos materiales y características dependiendo de la región. Los gobernantes de la dinastía Han siguieron conservando y alargando la muralla. Su construcción cesó definitivamente en el siglo XVII durante el predominio de la dinastía Ming.

Para su realización se utilizaban esclavos y reclutas como mano de obra, en los primeros relatos de jesuitas que visitaron el lugar, se habla de lo cruel y despiadado del trato a los esclavos. Los historiadores hacen referencia a grabados en los que se describen a grupos de obreros llevando las piedras en los hombros y a carretas de burros arrastrando pesadas cargas.

Se dice que la quinta parte de la población china contribuyó en diferentes épocas en la construcción de la Gran Muralla y que muchos de los cuerpos de los obreros que murieron, añaden documentos históricos, sirvieron para amortizar el peso de las piedras.

La Gran Muralla, que atraviesa montañas y ríos, sigue siendo una de las grandes maravillas del mundo y muchas de las piedras que se emplearon en su construcción miden más de dos metros y sobrepasan la tonelada de peso.

La parte más famosa de la Gran Muralla, que se encuentra cerca de Beijing, en la localidad conocida como Badaling, fue construida en 1381, durante el reinado del emperador Hongwu, de la dinastía imperial Ming (1368-1644). La sección de Jiumenkou tiene 1.704 metros de longitud y ha sido reparada y restaurada muchas veces.

El muro tiene una altura de siete a ocho metros, llegando a diez en algunos puntos, con una anchura de siete metros en la base y seis en la cresta. Los pisos eran a base de una mezcla de piedra y un mortero compactados con rodillos hechos con troncos de árbol en cuatro o seis capas.

Se ponían torres a unas distancias regulares según la inclinación del terreno, estas tenían unas terrazas para hacerse señales ópticas de una a otra. Los pisos se pavimentaron y tenían muy buena circulación, también evitaron las escaleras y pusieron rampas, lo que nos dice que se utilizaba como vía de comunicación.

El motivo principal de la construcción de la Muralla China fue conseguir una mejor defensa de los ataques nómadas de los pueblos del norte y fue utilizada para trasladar personas y armamentos a gran velocidad de un lado a otro. También se transportaron caravanas que iban desde las ciudades chinas hasta el Golfo Pérsico y desde allí a los puertos del mediterráneo oriental, de esta manera tenían acceso a los mercados europeos.

El dragón: columna vertebral de un país enorme

La Gran Muralla siempre se ha visto rodeada de leyendas que intentan explicar tanto las razones de su construcción como la realización de la misma. Muchos han querido ver en su ondulante pasar por entre montañas la representación de un dragón durmiente que protege al país de las amenazas exteriores.

Según otro relato, el emperador que la construyó, se subió una noche en un caballo alado, no en vano era brujo, y trazó desde el aire una línea mágica que perfilaba el camino que tenían que seguir las obras. Otra leyenda relacionada con este emperador, dice que utilizó un látigo mágico para trazar un surco por entre las montañas e incluso desvió el río Amarillo para despejar el terreno por donde tenía que pasar la Gran Muralla.

También existen leyendas de las viudas que tenían que llorar la muerte de sus esposos que principalmente morían por el interminable esfuerzo y por los malos tratos de los vigilantes, por ejemplo la de la viuda Chiag-Un, que esperó diez años el regreso de su esposo, hasta que, en un arranque de valor, fue a buscarlo. Los soldados que montaban la guardia le contestaron, riendo, que su esposo había muerto, y que si quería verlo de nuevo tenía que demoler la muralla ella sola. Entonces se dirigió llorando hacia los dioses y lloró tanto y tanto que las lágrimas socavaron el pie de la muralla y esta se derrumbó, apareciendo entre las piedras el cuerpo de su esposo.

Leyendas aparte, una vez más el hombre busca en la fantasía la explicación de lo que no puede entender en su momento, y está claro que la población china no acababa de entender cómo se pudo llevar a cabo una obra tan monumental, una de las más grandes de todos los tiempos. Es cierto que hemos comentado la versión que todos los historiadores aceptan, ese sistema de trabajo de miles de obreros, muchos esclavizados en aras de la seguridad y gloria del imperio, pero aún así muchas preguntas se plantean a la hora de entender cómo fue posible conseguir llegar a buen puerto.

La primera duda razonable cae por su propio peso: su diseño revolucionario. Es verdad que si simplificamos las cosas, la Gran Muralla no deja de ser un muro de dimensiones gigantescas, pero ¿cómo pudieron diseñar su trazado con tanta exactitud? Es más, sin látigos mágicos, ¿cómo sortearon hace más de dos mil años todos esos accidentes geográficos: montañas, terrenos inestables, ríos, lagos, pantanos, etc.? Sobre todo en una época en que el acondicionamiento de terrenos no se perfeccionaría hasta casi mil años más tarde. Nadie duda que los chinos podían construir murallas capaces de defender del mejor ataque sus ciudades, pues así lo atestigua la Historia, pero estamos hablando de una serpiente de piedra visible desde la Luna y que recorre 2.400 kilómetros de territorio.

Además otra duda asalta enseguida al observador. Estamos de acuerdo en que la mano de obra, voluntaria o no, era abundante y por lo visto efectiva, pero ¿cómo organizar todo esa infraestructura en medio de constantes ataques fronterizos por parte de tribus nómadas hostiles?

En definitiva, muchos misterios quedan aún por resolver alrededor de este dragón dormido que vigila China convertido en piedra.

Petra, la tumba excavada en la piedra

Cuando Johann Ludwig Burckhardt descubrió Petra en el año 1812, sólo quedaba en pie un edificio, el templo conocido como Qasr al-Bint. No se distinguían casas ni palacios, sólo cientos de tumbas excavadas en la roca componían el paisaje que quedaba retenido en la memoria. De ahí que uno de los muchos viajeros que la han visitado desde entonces, G. L. Robinson, la denominara el «sarcófago de una antigua civilización».

Pero las actuales excavaciones arqueológicas están cambiando la imagen de esta importante ciudad nabatea. Sólo en la última década han salido a la luz cuatro nuevos templos, dos zonas de viviendas y tiendas de época romana, así como inscripciones y relieves escultóricos.

Se está recuperando, pues, «la ciudad viva», con sus edificios de todo tipo, públicos y privados, derruidos a causa de sucesivos terremotos y que, tras su abandono, quedaron sepultados bajo la arena acumulada durante siglos. Equipos de arqueólogos jordanos, norteamericanos, franceses, suizos y finlandeses se afanan hoy día, campaña tras campaña, en una tarea que no ha hecho más que empezar y que puede prolongarse durante largo tiempo, pues se calcula que el ochenta por ciento de la antigua metrópolis permanece aún enterrado, esperando ser rescatado del olvido.

Aun así, la ciudad alberga en su interior los mejores y más conocidos monumentos de la civilización nabatea, que se extendió por una amplia zona que se corresponde con la actual Jordania, así como con parte de Siria y de Arabia Saudita.

Desde sus inicios, la historia de Petra estuvo ligada al comercio, sobre todo el de las especias, lo que la convirtió en una de las más importantes ciudades caravaneras del Mundo Antiguo, punto obligado de paso para el comercio que se desarrollaba entre Oriente y Occidente.

La presencia de los nabateos en Petra está documentada desde el siglo IV a.C., pero su momento de máximo esplendor y prosperidad, que se corresponde con el de un gran desarrollo urbanístico, tuvo lugar entre fines del siglo I a.C. y el año 106 d.C., momento en que el reino nabateo, del que Petra era la capital, fue anexionado por Roma y pasó a formar parte de su Imperio.

Durante esa etapa, bajo el reinado de Aretas IV (9 a.C.-40 d.C.), Malco II (40-70 d.C.) y Rabel II (75-106 d.C.), el último de los monarcas nabateos (que gobernó tras el breve período de regencia de su madre Shaqilat) se excavaron o construyeron sus monumentos más emblemáticos, como el Khameh, el Teatro, las llamadas Tumbas Reales, el Templo de Qusr alBint, el Templo de los Leones Alados, el Gran Templo del Sur y Ed-Deir.

Rodeada por altas montañas y grandes cerros que la ocultan y actúan como defensas naturales, la ciudad estaba situada en un valle y contaba con tres accesos emplazados al norte, al sur y al este. De todos ellos el más famoso es el Siq, el desfiladero situado al este por el que hoy se entra en Petra.

Adentrarse en esta garganta constituye una experiencia única para los viajeros actuales, pero debía causar la misma impresión a los visitantes de hace dos mil años. El camino, que sigue el curso del río Wadi Musa, se prolonga a lo largo de unos dos kilómetros, serpenteando y estrechándose hasta reducirse, en ocasiones, a menos de dos metros de ancho, al mismo tiempo que los acantilados que lo rodean van ganando en altura hasta alcanzar más de cien metros.

Se crea así una atmósfera de una luminosidad especial que destaca los peculiares colores de la piedra arenisca de Petra, así como las inscripciones, relieves y nichos de todo tipo y tamaño tallados en ambas paredes de esta falla natural.

Al final del Siq y frente a la salida del desfiladero, se encuentra el monumento más célebre de Petra, al que los beduinos del lugar denominaron *Khazneh al-Faroun* o Tesoro del Faraón, pues mantenían la creencia de que un antiguo faraón había depositado sus riquezas en la urna que remata el frontispicio, para evitar que fueran robadas.

El *Khazneh* no es sólo la obra más emblemática de Petra, sino también una de las de mayor tamaño, pues su fachada mide unos cuarenta metros de alto por veintiocho de ancho. La pared rocosa sobre la que se elaboró fue rebajada hasta dejar el frente protegido del viento, de manera que la erosión no la ha afectado mucho y su estado de conservación es bueno. Sólo algunos de los relieves que la adornan y, sobre todo, la urna, han sufrido daños debidos a los disparos que los beduinos efectuaron durante décadas, esperando romperla para recibir una lluvia de oro.

La parte inferior de la fachada recuerda la de un templo griego, con un pórtico de seis columnas rematadas por capitales corintios que soportan un frontón triangular, mientras que en la zona superior hay dos estructuras con columnas, flanqueando un *tholos* rematado con un capitel corintio, sobre el que está la urna. La abundante decoración dispuesta por la fachada es de tipo helenístico y destacan en ella las figuras de la diosa Isis, Cástor y Pólux, dos Victorias Aladas y cuatro Amazonas.

Por el contrario, el interior del monumento, completamente excavado en la roca, que consta de dos grandes salas laterales y otra central de aún mayor tamaño, está completamente vacío y carece de decoración.

Construido bajo el reinado del rey nabateo Aretas IV, se ha discutido mucho acerca de la función y la cronología del *Khazneh*, pero se cree que es un monumento funerario, dado que en él no se han encontrado restos de enterramientos.

A partir de este punto, el camino se ensancha y se dirige hacia el centro de la ciudad, flanqueado por tumbas nabateas de todo tipo y tamaño excavadas en las paredes rocosas. De ahí que se este tramo lleve el nombre de Calle de las Fachadas, aludiendo al frente de dichas tumbas. El mismo Teatro de Petra, situado en esa zona y excavado en la ladera del cerro Attuf, se situó sobre una antigua necrópolis que fue destruida por las obras, pero aún son visibles los restos de algunas tumbas en la zona superior de la *summa cavea*.

El citado Teatro es uno de los monumentos rupestres más espectaculares de la ciudad, con capacidad para más de ocho mil espectadores, y tiene una estructura típicamente romana, pues, aunque se construyó durante el reinado del rey nabateo Aretas IV, fue ampliado y remodelado tras la anexión por Roma. El paso del tiempo y la erosión han afectado a la *cavea*, compuesta por cuarenta y cinco filas de asientos excavados en la roca, y los terremotos, muy frecuentes en la zona, destruyeron gran parte la escena que ha tenido que ser restaurada.

Un poco más adelante, y en el lado opuesto del camino, está el grupo de las llamadas Tumbas Reales, excavadas en la vertiente oeste de la gran montaña Al-Khubtha, con el frente mirando en dirección al centro de la ciudad. Esta posición privilegiada, así como su gran tamaño y la riqueza de la decoración de sus fachadas son las que justifican el nombre con el que se las designa aunque, en realidad, no se sabe con certeza si fueron realmente tumbas de monarcas nabateos, ya que carecen de inscripciones. Cada una de ellas se distingue por un rasgo característico: Tumba de la Urna, Tumba Corintia y Tumba Palacio, aunque las tres contienen una mezcla de elementos típicos nabateos y de tipo helenístico.

La Tumba de la Urna está precedida por un gran patio flanqueado por pórticos con columnas excavados, como la propia tumba, en la pared rocosa. Su fachada, rematada por una urna, recuerda la de un templo griego y su interior, que como es característico en las tumbas nabateas carece de decoración, fue ligeramente remodelado en el año 447 d.C., momento en que este enorme enterramiento se convirtió en iglesia cristiana, tal y como atestigua una inscripción griega pintada que aún es legible.

La Tumba Corintia, que debe su nombre a los capiteles de tipo corintio que coronan las columnas esculpidas en la fachada, está muy erosionada y su composición recuerda la del *Khameh*, sobre todo en la parte superior. Cuenta con tres entradas que conducen a salas de tamaño desigual y que no están conectadas entre sí. En la principal hay numerosos nichos, lo que ha hecho suponer que se trata de un sepulcro colectivo, en el que se enterraría el monarca junto con miembros de su familia.

La Tumba Palacio es la mayor del trío que componen las Tumbas Reales y se asemeja a un palacio de tipo helenístico, aunque los capiteles de las columnas se hicieron según el modelo nabateo. Es, además, la única que no está totalmente esculpida en la pared rocosa, pues en la parte superior, para completar la fachada, se le añadieron bloques de piedra, gran parte de los cuales se ha desprendido. En el frente, muy afectado por la erosión, hay cuatro entradas que dan acceso a otras tantas salas vacías y de distinto tamaño, de las que sólo las dos centrales están comunicadas entre sí.

Delante de la montaña de Al-Khubtha está el amplio valle que constituía el corazón de Petra, por el que transcurre el curso del Wadi Musa, cuyas aguas dividían a la ciudad en dos partes.

A mediados del siglo I a.C., cuando se llevó a cabo la primera planificación urbana, se despejó esta zona desplazando antiguas viviendas hacia las colinas próximas y se construyó una vía o calle paralela al curso del río. Aquí, en torno a este cauce, hoy seco, construyeron los nabateos sus principales templos, de los que solamente uno ha conseguido permanecer dos mil años en pie, el de Qasr al-Bint Faroun o Castillo de la Hijo del Faraón.

Qasr al-Bint Faroun es llamado así por una leyenda beduina que lo relaciona, como en el caso del *Khameh*, con un mítico faraón egipcio. Probablemente fue el principal santuario de Petra y se cree que estaba consagrado a Dushara, el dios supremo del panteón nabateo, aunque no se ha encontrado ninguna inscripción o dedicación que lo confirme, pues en sus muros sólo permanecen los nombres de algunos viajeros occidentales que visitaron Petra durante el siglo XIX y quisieron testimoniar su paso por la ciudad.

La ciudad que quería que la abandonaran

Hubo un tiempo en que Petra era un lugar que sólo existía en los libros, en la imaginación, en los sueños.

Ese tiempo de leyendas y misterio transcurrió entre los años 1276 y 1812, pues antes varios pueblos y civilizaciones dejaron su impronta en Petra, como hemos explicado anteriormente. Siete siglos en los que Petra constituyó el secreto de los beduinos.

Fue el joven explorador suizo, Johann Ludwig Burckhardt, quien se lo arrebató. Se hizo pasar por uno de ellos, uniéndose a una caravana que viajaba a El Cairo; antes había adoptado el nombre de Ibrahim Ibn Abd Allah, hablaba árabe, conocía sus costumbres. Cauteloso, no estuvo mucho allí, un solo día. Sin arrogancia, se limitó a escribir: «Si mis conjeturas son ciertas, este lugar es Petra».

Doce de agosto de 1812: la ciudad admirada por su deslumbrante arquitectura, por el color de sus rocas, por la sofisticación de sus acueductos, puentes y canales, tan remota, inaccesible, tan bien escondida por el azar o el capricho de sus primeros moradores que ya no existía para Occidente, había sido reencontrada.

Pero al mismo tiempo Petra se perdió, pues el refugio secreto de los beduinos por fin se veía violado tras los siglos. Antes de esta constatación, todo eran leyendas sobre esta ciudad excavada en la roca, secretos susurrados en las frías noches del desierto, un relato fantástico más que explicar alrededor de la hoguera para matar el tiempo hasta la llegada del nuevo sol.

Hay que recordar dónde se emplaza Petra, en Jordania, un país que ha sido protagonista de las historias más antiguas de la Biblia, cuna de ciudades perdidas, el lugar que acabó por perder y fascinar al famoso Lawrence de Arabia...

Jordania está asociada a multitud de leyendas románticas. Es un país que debería rebosar de turistas, pero los conflictos de Oriente Próximo han mantenido a las masas alejadas. Aunque no hay que dejarse engañar: Jordania es, por lo general, un lugar tranquilo. Más que eso, es uno de los países más acogedores y hospitalarios, y ni siquiera reina ese machismo tan inquietante que se respira por toda la región. ¿En qué otro país puede el viajero dejar sus pertenencias en la calle durante horas y confiar en que todavía va a encontrarlas cuando regrese? ¿En qué otro país gentes totalmente desconocidas invitan al turista a su hogar, sin que ello signifique que son los propietarios de un comercio de alfombras?

Pero Jordania no es únicamente esa amistosa taza de té con los nativos; es también el escenario de uno de los parajes más espectaculares de Oriente Próximo, Petra, claro está, bordeada por ese paisaje desértico de Wadi Rum, que fascinó a Lawrence de Arabia y ha empujado a más de un visitante a enfundarse el típico pañuelo palestino (*kaffiyeh*).

A causa de este carácter marcadamente abierto que procede de los beduinos del desierto, el enigma en este caso plantea la siguiente pregunta: ¿por qué un pueblo nómada tan hospitalario y cuyos únicos secretos se encierran en su tradición oral oculta una ciudad tan esplendorosa a cualquiera que no sea estrictamente de su tribu, grupo o familia?

Es algo que los estudiosos han intentado averiguar desde 1812, la fecha oficial de su redescubrimiento al mundo, pues hasta el momento los beduinos de esta zona es cierto que habían sido reservados (y siempre orgullosos), pero nunca, que se sepa, habían tenido un lugar prohibido o sagrado al que no pudieran acceder visitantes externos. Este hecho hace plantearse la razón de que Petra fuera especial y, evidentemente, ante el mutismo de este pueblo, pues nunca han explicado la razón, al menos a nadie que lo haya hecho público, se han elaborado todo tipo de teorías (lo cual no sorprende en demasía, pues el ser humano tiende a fantasear y/o a investigar hasta la extenuación todo aquello que no «encaja»).

Dejando a un lado, como siempre, las teorías que no soportan ni el más simple análisis objetivo, algo que hemos intentado y seguiremos intentando hasta el final de esta obra, nos quedaremos con dos hipótesis que creemos más viables.

En primer lugar hablaremos de lo que podríamos llamar la «teoría de la vergüenza de un pueblo», un título que surge de la misma Historia de la zona. Tras el mayor esplendor de la ciudad, en la que llegaron a habitar veinte mil personas, finalmente el imperio romano, tras varias intentonas expansionistas que pasaban por aquel lugar, consiguió hacerse con el control de Petra en el año 106 d.C., año en que oficialmente pasa a formar parte de la provincia romana de Arabia.

Con los siglos, la ciudad pasa a engrosar la lista de lugares bajo el poder del imperio bizantino, momento clave (siglo IV) en que la Tumba de la Urna es transformada en iglesia cristiana y la ciudad en sede de un obispado. En este momento es cuando ciertos teóricos apuntan esta teoría de la vergüenza, pues, a partir del siglo VII, en el que los árabes se hacen con el control de toda la zona, la ciudad es, literalmente, olvidada.

Los musulmanes no la reclaman, pese a expulsar hasta el último cristiano de Petra, y no hacen como en otros lugares, islamizar su nueva conquista arrancada al enemigo de Alá. Los beduinos, nómadas desde sus inicios, desde luego no eran los candidatos para instalarse allí, pues sería contradecir su modo de vida, pero esto nos hace volver a la cuestión planteada. ¿Por qué, en un caso, abandonarla a su suerte, y por otro lado esconderla? Esta teoría contesta la ya apuntada «vergüenza», pues había sido mancillada por extranjeros que incluso convirtieron los templos originales en santuarios de su fe, «pervirtiendo» el lugar de por vida, por lo que parece, tanto para musulmanes como beduinos.

Hay que tener en cuenta también que Petra fue habitada durante un corto período de tiempo por cruzados, que también «ensuciaron» el lugar construyendo un castillo en una de las colinas. La superstición o la maldición habrían hecho el resto.

En segundo lugar, ya que hablamos de maldición, hablaríamos de la «teoría del lugar maldito». Petra, tras siglos de esplendor y diferentes dueños, es incapaz, dicen algunos, de absorber toda la diferente energía procedente de tan dispares gentes, «rebelándose» como entidad energética y manifestando su rabia, su ira o su malestar con fenómenos paranormales que hacen que sea declarado lugar non grato para el ser humano, sea cual sea su credo, raza o condición.

Por esta razón es abandonado a su suerte y los únicos que saben de su existencia callan y lo ocultan del mundo. De hecho, las únicas marcas del ser humano en el lugar hasta 1812 son lanzamientos de piedras de los beduinos, que se acercaban a los templos y disparaban proyectiles a las fachadas con la intención de aplacar la rabia de Petra, además de intentar mediante este método encontrar ingentes cantidades de oro que las leyendas decían se hallaba en tales lugares.

Ya en la fecha de su redescubrimiento por Burckhardt, el lugar habría perdido, según esta hipótesis, su poder energético, habiéndose trasladado a otro lugar o bien dispersándose en el cosmos tras hallar la merecida paz lejos de los hombres.

Es curioso comprobar, creamos o no en esta teoría, que por la época en que Petra fue abandonada se registraron fuertes y frecuentes terremotos, mientras que desde entonces, aunque siguen habiendo leves movimientos de tierras, la actividad sísmica de la zona bajó espectacularmente...

Capítulo III

ARTEFACTOS FUERA DE SU TIEMPO

La paleoastronáutica, astroarqueología o exoarqueología, como decíamos anteriormente, son disciplinas no académicas (hasta la fecha) que tratan de establecer los orígenes y la historia de la humanidad partiendo de la creencia de que en el pasado existieron civilizaciones tecnológicamente muy avanzadas que probablemente surgieron gracias a la intervención de seres procedentes de otros mundos.

Hace algún tiempo que se vienen multiplicando los hallazgos de objetos anacrónicos y los restos arqueológicos de difícil interpretación, que se complementan con una nueva visión de las viejas leyendas y mitos de las antiguas civilizaciones. Éstos constituyen la principal fuente de análisis e investigación de la exoarqueología, dentro de un amplio campo de estudios multidisciplinario que abarca la mayoría de ramas de la ciencia como son la biología, historia, arqueología, física, astronomía, etc.

Autores como Charroux, Däniken, Kolosimo, Chatelain, etc., popularizaron hace ya algunas décadas la teoría de una intervención extraterrestre en la creación de civilizaciones humanas.

Si bien estas disciplinas han sido repudiadas por la ciencia oficial, no han faltado quienes desde sus filas han reconocido la posibilidad de tan revolucionarias teorías. Uno de sus más destacados defensores fue el Premio Nobel Francis Crick, que junto con Watson descubrió el ácido desoxirribonucleico (el conocido ADN), y que ha sido partidario de la participación extraterrestre en el origen de la vida a pesar de que su reputación pudiera verse perjudicada por estas afirmaciones. Esta teoría se ha tratado de enterrar definitivamente en varias ocasiones, pero la curiosidad y el inconformismo de muchos investigadores ante las explicaciones ortodoxas de la ciencia oficial hacen que las hipótesis renazcan y tomen fuerza de nuevo. Y a ello también contribuye el hecho de que la propia ciencia descubre progresivamente la inmensidad del Universo y la posibilidad de la existencia de vida en otros mundos.

La aparición de la vida en la Tierra, la existencia del hombre, así como el desarrollo de la inteligencia, son el campo de batalla de la comunidad científica. Las teorías sobre el nacimiento y expansión de la especie varían cada día. Las teorías clásicas que defienden que el hombre surgió de África o que la población de América proviene de Alaska son puestas hoy en cuestión por nuevos y sorprendentes hallazgos. Y mientras que la ciencia «oficial» se encuentra en un momento de revisión, las tesis paleoarqueológicas encajan cada vez más con las pruebas que se van hallando.

Otra teoría apasionante es la que propone la paleoastronáutica, una disciplina que pudiera ser un punto de encuentro, una tercera vía, que diese respuesta al origen del hombre a medio camino de lo expuesto por la ciencia y la religión. La aparición de los viejos dioses, desde el Sinaí hasta Abydos en el Nilo, de Prometeo a Viracocha, respondería al hecho de que fueran viajeros astrales plantando la semilla de grandes civilizaciones, y muchas de las dudas que hoy no encuentran respuesta verían la luz bajo una nueva perspectiva histórica.

No debían estar ahí: artefactos enigmáticos antiguos

Cuenta la leyenda que en el año 1880, en el Estado de Colorado, un ranchero salió a buscar carbón de un filón existente en la ladera de una colina. El carbón recogido procedía de un lugar situado a unos cuarenta y cinco metros de la boca del filón, y a unos noventa metros por debajo de la superficie. Al volver a casa empezó a partir los trozos de carbón, y vio sorprendido cómo de uno de ellos saltaba un dedal de hierro. O algo que se parecía a un dedal. Y el objeto fue bautizado en la zona como «El dedal de Eva». Tenía las mismas muescas de los dedales modernos. La lástima es que el metal se deshizo en migajas al ser manoseado por los vecinos curiosos y no ha podido llegar hasta nuestros días.

Lo curioso del caso es que aún admitiendo que los indios utilizaran dedales de hierro en siglos remotos es imposible que el objeto fuese obra humana, puesto que el carbón del cual procedía el dedal se formó entre el período cretácico y la era terciaria, hace unos setenta millones de años. Y, claro está, la humanidad no existía aún según las explicaciones de los científicos.

Años antes, en el año 1844, había aparecido otro inexplicable artefacto de hierro. Por fortuna éste sí pudo ser sometido a una investigación cuidadosa y detallada. Un bloque de piedra de sesenta centímetros de largo, procedente de la cantera de Kingoodie, cerca de Dundee (Escocia) estaba siendo limpiado. Un clavo de hierro enmohecido fue hallado en el punto donde la piedra y la tierra se encontraban. El extremo puntiagudo del clavo se proyectaba poco más de un centímetro hacia la tierra, mientras que el resto se encontraba en la superficie de la piedra, excepto los últimos 2,5 centímetro del extremo de la cabeza, clavados en ésta. Se estimó que el bloque se había formado hacía sesenta millones de años.

De vez en cuando se han hallado objetos de decoración incrustados en plena roca. En 1852 fue dinamitada una masa rocosa en Dorchester (Massachusetts, Estados Unidos) y los trabajadores encontraron dos fragmentos de un objeto metálico entre los trozos de roca. Al juntarlos vieron cómo se formaba una vasija en forma de campana que tenía 11 centímetros de alto por 16 centímetros de diámetro en la base. Parecía que la aleación utilizada era plata.

El escritor René Noorbergen también cita casos de objetos hallados en lugares inexplicables: por ejemplo, en 1891 la señora S. W. Culp, de Illinois, estaba extrayendo carbón cuando un trozo se rompió revelando una cadena de oro, situada en una cavidad en forma de lazo.

Uno de los objetos anacrónicos más famoso es el conocido como «cubo de Salzburgo»: en 1885, cuando un trabajador de una fundición de hierro de Austria estaba rompiendo trozos de carbón de Wolfsegg, halló un objeto de hierro de forma cúbica aunque ligeramente deformado. El objeto rápidamente pasó a ser muy conocido, y ésta es la descripción que de él hace Noorbergen: «Los cantos de este extraño objeto fueron con anterioridad perfectamente rectos y definidos; cuatro de sus lados eran planos, mientras que los dos lados restantes, situados uno enfrente del otro, eran convexos. A media altura tenía una ranura bastante profunda. En realidad, la forma del objeto, que se encuentra actualmente en un museo municipal, no se parece en nada a un cubo: su única superficie plana es el resultado de una rodaja que le fue separada para ser analizada químicamente».

El análisis demostró que el metal no contiene níquel, cromo o cobalto, por lo que no puede tratarse de un meteorito, como se había pensado en un primer momento. Parece tratarse de una especie de hierro forjado. La pregunta crucial es si realmente se formó en el seno de un trozo de carbón. El científico que investigó el cubo por primera vez y que sugirió que se trataba de un meteorito parecer ser que ni tan sólo intentó encontrar el trozo de carbón con la cavidad que había albergado al cubo. A falta de este dato decisivo, el «cubo de Salzburgo» recibió una publicidad que resulta desproporcionada respecto a su valor intrínseco.

En 1976 un periódico publicó la descripción de una cuchara que fue encontrada en 1937 mezclada con carbón blando en el estado de Pennsylvania. Se encontraba en una masa de ceniza de color marrón resultante de la combustión de un trozo grande de carbón. Al remover las cenizas apareció la cuchara, que posiblemente pudiera ser una reliquia del mundo antediluviano.

Otro elemento inexplicable es la muestra antiquísima de algo que parece escritura, descrita por el *American Journal of Science* en 1831. Se trata de un bloque de mármol extraído de la tierra a una profundidad mínima de dieciocho metros y cortado en láminas. Uno de sus cortes mostró una incisión de 4 por 1,5 centímetros: constaba de dos «letras» parecidas a la «i» y la «u». Lo más sorprendente no eran las formas, bastante simples, sino la extraordinaria regularidad con la que habían sido «tallados». Además, se había conservado a lo largo de millones de años (durante los cuales se formó el mármol) mientras que cualquier rastro del edificio en el que fueron grabadas, así como el de otros grabados adicionales, había desaparecido.

Medicina avanzada en la Edad de Piedra

El profesor Andronik Jagharian sostiene que en la Edad de Piedra existían unos conocimientos médicos muy avanzados, incluso en algunos casos superiores a los actuales. La medicina prehistórica es una gran desconocida: todo lo que sabemos se reduce prácticamente a los testimonios de operaciones de cirugía en los huesos, y éstas evidencian que hace ya más de cuatro mil años se llevaban a cabo operaciones cerebrales e intervenciones a corazón abierto.

Cerca del lago Sevan, en Armenia, se han encontrado esqueletos de un pueblo cuyos habitantes se denominan los jurits y que se supone que vivieron en el año 2000 a.C. En una de las calaveras de mujer se encontró un agujero de unos seis centímetros que era consecuencia de una herida que había tenido en vida. Los cirujanos le habían insertado un pequeño tapón de hueso de animal y la mujer pudo sobrevivir. Su propio cráneo creció en parte alrededor del injerto. Otra calavera jurit presentaba una herida más grande causada por un fuerte golpe. Los cirujanos de este pueblo cortaron una zona de la calavera alrededor de la herida para extraer las astillas del cerebro. A pesar de lo delicado de la intervención, este paciente también sobrevivió. Jagharian, que estudió las calaveras, comentó: «Considerando la antigüedad de los instrumentos que tenían que utilizar los médicos, se puede afirmar que técnicamente eran superiores a los cirujanos actuales».

Se han encontrado igualmente muestras de cirugía craneal y de intervenciones realizadas con éxito en las costillas de unos esqueletos procedentes de Asia Central que fueron estudiados en la Universidad de Ashjabad. En estos restos se apreciaban muestras evidentes de que el tratamiento quirúrgico se había realizado a corazón abierto.

René Noorbergen, que recoge estos casos en su obra, cree que son una prueba de que estos pueblos estaban en contacto con civilizaciones técnicamente más avanzadas. Es probable que aprendieran a efectuar estas operaciones quirúrgicas ellos mismos o que confiaran el trabajo a misioneros. Según Noorbergen, las civilizaciones de las que proceden los esqueletos citados eran incapaces de desarrollar estas técnicas por sí mismas ya que no disponían de una técnica material similar en ningún otro campo. Además, civilizaciones que habitaban en los Andes muy anteriores a los Incas dejaron piedras grabadas con operaciones quirúrgicas. Algunos de los grabados representan a víctimas de enfermedades con signos de viruela, cáncer o artritis. Noorbergen señala que podría tratarse de modelos de estudio o que tal vez fueran utilizadas en algún ritual.

A pesar de que hoy en día no disponemos de ninguna evidencia definitiva de la existencia de antiguas razas superiores que pudieran haber sido la fuente de las técnicas quirúrgicas prehistóricas, lo cierto es que las pruebas crean cada día más interrogantes sin resolver.

Los pedernales de pigmeo

Los dinosaurios, según las teorías de los expertos, desaparecieron de la faz de la Tierra hace aproximadamente setenta millones de años. Sin embargo, en el lecho del río Paluxy, en Texas, se encontraron huellas fósiles de dinosaurio junto a lo que parecen ser huellas humanas. Unas huellas muy grandes (38 centímetros) pero que corresponden a un bípedo muy parecido a un ser humano.

Los hombres prehistóricos suelen ir relacionados en los estudios y libros de texto con las técnicas de tallar hachas de pedernal y cuchillos. Sin embargo, entre los miles de utensilios de sílex que se han encontrado desde que la arqueología se convirtió en disciplina científica figuran algunos objetos desconcertantes.

Un ejemplo de lo mencionado lo constituyen los llamados «pedernales de pigmeo», hallados en Inglaterra, Sudáfrica, Australia y la India. Se trata de diminutos pedernales (de aproximadamente seis milímetros de longitud) tallados en forma de taladros puntiagudos, raspadores y cuchillos, que denotan que tenían una gran habilidad como artesanos. El término «pedernal de pigmeo» puede llevar a confusión, porque se refiere a su tamaño, pero no guardan ninguna relación con la raza africana. No existe ninguna prueba de que los antiguos habitantes de Gran Bretaña tuviesen estatura de pigmeo. Por eso los investigadores se preguntan qué utilidad podían tener esas minúsculas herramientas para seres de estatura comparable a la nuestra. Tal vez fueran usadas como instrumental quirúrgico.

La posibilidad de reinterpretar

Una de las vías de investigación más fructíferas de la astroarqueología es la reinterpretación del uso de objetos antiguos desde la perspectiva tecnológica actual. Entre los antiguos artefactos cuya función ha sido redefinida se encuentra una pequeña figura encontrada en Panamá hacia los años veinte del siglo XX que fue clasificada entonces como un jaguar de juguete. Sin embargo, si consideramos la posibilidad de que se tratara de una máquina excavadora el objeto adopta una apariencia diferente. A pesar de la antigüedad del modelo, sus curiosos apéndices triangulares pueden considerarse palas de brazos mecánicos. Las ruedas dentadas montadas sobre la cola del modelo parecen entonces que fueran a engranarse con cadenas o correas.

A pesar de todas estas conjeturas, los escépticos señalan que la construcción de una excavadora de tamaño normal exigiría una serie de recursos tecnológicos considerable, como grandes fundiciones de hierro, y no disponemos de evidencias arqueológicas que lo confirmen.

Los autores que defienden la opción de que se tratara de una excavadora no dudan en conectarlo con hazañas tan extraordinarias como la construcción de la ciudad «perdida» de Machu Picchu, edificada a 2.100 metros sobre el nivel del mar en los Andes peruanos. Afirman que seguramente en ese lugar fue necesaria una maquinaria considerable para mover las grandes cantidades de tierra y de piedra necesarias para la construcción de la ciudad.

Las piedras de Ica

En mayo de 1966 Javier Cabrera, un doctor peruano, recibió como regalo una piedra ovalada de color negruzco y aristas redondeadas; tenía grabada en una de sus caras la imagen de un extraño pez y su peso era mayor del que correspondía a su tamaño. «Quedará muy bien como pisapapeles en tu escritorio», le dijo el amigo que se lo trajo, y nunca llegó a imaginar que el objeto serviría como punto de partida de una larga investigación y de una polémica que iba a dividir a los arqueólogos peruanos.

El doctor Cabrera le preguntó a su amigo de dónde había obtenido esta reliquia y éste le contestó que su hermano poseía una gran colección proveniente del caserío de Ocucaje, donde un «huaquero» (como se conocía a los campesinos que realizan excavaciones arqueológicas clandestinas) las extraía por docenas.

Este hecho despertó la curiosidad del doctor Cabrera, que a lo largo de los años ha reunido una colección de miles de piedras grabadas.

Cabrera, curiosamente, ya tenía experiencia con las piedras grabadas. Treinta años antes, en la hacienda de su padre, se encontró de forma casual un objeto similar. Los obreros que realizaban el trabajo creyeron que se trataba de una piedra inca dado que estaban habituados a desenterrar alfarería, metales y trozos de tela de esa cultura precolombina.

Que existiera una cantidad tan grande de piedras grabadas de tamaño similar y además procedentes del mismo lugar llevó a pensar al doctor que los grabados pertenecían a una especie de «biblioteca» y que constituían en sí mismos un sistema de signos.

Las interpretaciones de Cabrera fueron recibidas con gran escepticismo por la arqueología y la antropología convencionales, pero si sus teorías fueran ciertas llegarían a revolucionar las concepciones actuales sobre la antigüedad de la existencia del hombre en la Tierra y también sobre sus orígenes.

El doctor Cabrera descarta con firmeza la posibilidad de que las piedras hayan sido grabadas por los incas. En primer lugar porque según su datación son muy anteriores al período en que los incas vivieron en Perú y, además, porque las piedras muestran unos conocimientos tecnológicos que los incas nunca poseyeron. En su enorme colección, el doctor Cabrera ha clasificado las piedras en diversos grupos, según los símbolos que presentan. Algunas series tratan de temas técnicos, otras de temas médicos, geográficos, antropológicos, zoológicos, etc. Los significados no son evidentes a primera vista. El doctor ha atribuido significados a los símbolos que aparecen con cierta frecuencia: por ejemplo, una hoja sería símbolo de la vida mientras que la pirámide simbolizaría una fuente de energía y una figura humana con determinados atributos representa a un hombre «reflexivo». En el caso de que le falten esos atributos interpreta que se trataría de un robot.

Además de las citadas, existen una serie de piedras con significados más evidentes. En unas se describe la evolución de los dinosaurios con todo lujo de detalles, desde que se forma el huevo hasta su completa madurez. Otras piedras relatan los procesos de complejas intervenciones quirúrgicas, y las hay que explican claramente cómo era el planeta Tierra antes de las grandes convulsiones geológicas le dieran la forma que tiene actualmente.

El doctor Cabrera ha bautizado a las piedras con el nombre de «gliptolitos» y a quienes las grabaron como «humanidad gliptolítica». Esa humanidad debió, según sus estudios, ser creada por una raza superior que llegó a la Tierra procedente de algún remoto lugar del cosmos. Al llegar a nuestro planeta, la raza no halló muestras de vida inteligente, y decidió crearla a partir de un primate emparentado con el lemur, llamado *notharcus*, que se extinguió hace cincuenta millones de años. En su libro *El mensaje de las piedras grabadas de Ica* (Inti Sol editores, Lima, 1976), Cabrera sostiene: «Mediante el trasplante de códigos cognoscitivos a unos primates que pertenecían a un tipo de primate muy inteligente generaron hombres». Según la interpretación de las piedras, existirían diversas categorías de seres humanos: los de mayor poder cognoscitivo son los que el doctor Cabrera denomina «hombres reflexivos y científicos», por encima de los cuales se situaban quienes los habían creado; es decir, los seres procedentes del cosmos.

La humanidad gliptolítica decidió fijar sus conocimientos en piedra (y otros materiales como metales preciosos que han desaparecido) para conservar el saber que llegaba de las estrellas y ayudar a sus descendientes a regir su vida de acuerdo con normas inteligentes. Uno de los primeros pueblos que lo hicieron fue, según dice el doctor Cabrera, el pueblo inca.

El descifrador de esta «enciclopedia lítica» afirma que los incas la conocieron y comprendieron que encerraba conocimientos de gran importancia que no debían trascender al pueblo llano ya que no estaban capacitados para entender su contenido. Sus conocimientos técnicos eran demasiado rudimentarios, aunque habían creado una compleja y eficaz organización social. Los incas, con el fin de impedir que las inundaciones periódicas del río Ica erosionaran las piedras y arrastraran los yacimientos, construyeron una acequia que canalizó el exceso de aguas del río. Esa acequia se conoce en Perú como la acequia Achirana, y la leyenda cuenta que el inca la hizo construir porque se había enamorado de Achirana, la hija de un cacique de la zona, y deseaba favorecer a su tribu para conquistar su corazón. Sin embargo, el doctor Cabrera apunta que en esa zona jamás hubo cultivos, ya que durante siglos estuvo cubierta de bosques espinosos, así que la acequia sólo pudo servirles para preservar las piedras, y la tradición del enamoramiento del inca puede haber sido una cortina de humo destinada a disimular la verdadera finalidad de la obra.

La cultura inca prestó mucha atención a la iconografía de las piedras, y a partir de ellas crearon el mito de Viracocha, un antepasado mítico de los incas que había llegado por el mar y realizado grandes hazañas. Viracocha se correspondería así con imágenes que aparecen en los gliptolitos y que representan a un hombre dando muerte a un dinosaurio que el tiempo convertiría en dragón, un símbolo de fuerza temible. Esta imagen tradicional se ha perpetuado en mitos como el de San Jorge derrotando al dragón.

El contacto de las culturas preincaica e incaica con los gliptolitos explica, según el doctor Cabrera, la mezcla de objetos mortuorios hallados en las tumbas, que puede parecer arbitraria a primera vista. En las tumbas se han hallado, junto a objetos simples de la vida cotidiana como cerámica y telas rústicas objetos muy elaborados, que denotan una cultura y técnica superiores. Se trata de tallas en madera, objetos de oro delicadamente trabajados, piezas de cerámica que tienen grabados símbolos complejos o telas finamente tejidas. Cabrera interpreta que los antiguos peruanos mezclaban los objetos que ellos mismos eran capaces de fabricar con otros que habían encontrado y que habían sido fabricados por los hombres gliptolíticos durante el período terciario.

Por otra parte, Santiago Agurto, arquitecto y ex rector de la Facultad de Ingeniería de Lima, posee también una colección de piedras grabadas, extraídas al parecer de diversos enterramientos pertenecientes a las culturas Paracas, Ica, Nazca y Tiahuanaco. Este hecho confirmaría que esas sociedades igualmente considerarían las piedras como sagradas.

Existe un consenso claro entre antropólogos y arqueólogos sobre la aparición del ser humano en la tierra. El hombre aparece en el Cuaternario después de que un gran cataclismo acabase con los grandes reptiles y los mamíferos pudieran desarrollarse. Pero el doctor Cabrera no comparte esta creencia. Basándose en que las piedras grabadas son piedras del Terciario, concretamente andesitas, afirma que en ese período los seres superiores que llegaron del espacio crearon a la humanidad. Hasta el momento, ningún análisis no ha confirmado que los grabados sean contemporáneos a la creación de las piedras; sin embargo, se ha comprobado que algunos microorganismos hallados en las ranuras de los grabados tienen una antigüedad de millones de años. Por otra parte, existen indicios en la misma América Latina de que la aparición del hombre fue anterior. En Argentina, en el siglo XIX, el paleontólogo Florentino Ameghino afirmó haber encontrado restos humanos en terrenos terciarios. Sin embargo, estos descubrimientos fueron rechazados enérgicamente por el colectivo científico. El mismo desinterés mereció un hallazgo más reciente del antropólogo Hernao Marín en Colombia: los restos fosilizados de una especie de dinosaurio, el Iguanodon, aparecieron misteriosamente asociados en el mismo estrato con los huesos de un Neandertal.

Una de las pruebas que ayuda a reafirmar las teorías del doctor Cabrera es una piedra donde está labrado un mapa del mundo tal y como era en el Período Terciario. En dicho gliptolito la forma y la disposición de los continentes es completamente diferente de la actual. Algunas zonas parecen coincidir con los desaparecidos continentes de Lemuria y de Mu o la Atlántida. Si tenemos en cuenta que la geología no supo hasta fines del siglo XIX y principios del XX que los grandes cataclismos de fines del Terciario habían provocado cambios espectaculares en la forma y disposición de los continentes, esa piedra sólo pudo ser labrada por hombres que vivieron en un planeta con esa configuración y que, además, poseían los medios técnicos necesarios para observarlo desde grandes alturas.

Las series de piedras que el doctor Cabrera considera dedicadas a reproducir complejas intervenciones quirúrgicas confirman, en su opinión, esa gran superioridad técnica. Existen multitud de dibujos que representan, según el doctor, trasplantes de órganos y diversas formas de anestesia como el gas o la acupuntura. Cabrera también les atribuye la autoría de *tumis*, unas figuras de oro en forma de hacha ritual, con incrustaciones de piedras preciosas, que se han encontrado en tumbas precolombinas. Estos objetos informarían, entre otras cosas, del ciclo menstrual femenino. Toda esta serie de teorías del doctor Cabrera no han llegado a alcanzar todavía el reconocimiento de la comunidad científica. Algunos de sus adversarios han llegado a asegurar que Basilio Uchuya, el huaquero que ha proporcionado la mayor parte de las piedras al doctor

Cabrera, es el único artífice de las mismas. Quienes sostienen esta hipótesis afirman que Basilio las graba, untándolas después con betún de los zapatos y quemándolas para darles una falsa pátina de antigüedad. Esta teoría, sin embargo, no tiene en cuenta la edad de Basilio ni el tiempo que requiere fabricar una de estas piedras. El huaquero podría haber hecho, en toda su vida, unas diez mil, pero ya se han catalogado cerca de cuarenta mil, y se supone que podría haber todavía bajo tierra cientos de miles.

Pero también hay quien apoya las tesis del doctor Cabrera. El francés Chanoux, en su libro *Enigma de los Andes,* asegura que las piedras de Ica podrían ser «la biblioteca de los Atlantes que han existido hace cincuenta millones de años» y el periodista español J. J. Benítez, en su obra *Existió otra humanidad* (Plaza y Janés, Barcelona, 1977), se refiere al hallazgo de dos cerros artificiales que recubrían un pavimento de piedras grabadas en un lugar cercano a Palpa (Perú).

De cualquier forma, es necesario que se realice un análisis exhaustivo y completo de todas las piedras de Ica para determinar si su origen se halla en una de las culturas del Perú precolombino o es obra de hombres del Terciario con conocimientos aprendidos de los extraterrestres.

¿Balas en la prehistoria?

El año 1921, el *British Museum* de Londres recibió un cráneo humano que habían encontrado los trabajadores de una mina de cinc de Zambia (antigua Rhodesia del Norte) en una colina llamada *Broken Hill.* La colina tenía tan sólo veinte metros de altura y en ella dieron con una galería que desembocaba en una caverna. La cueva situada al final de la galería estaba llena de restos humanos antiguos y parecía una zona de enterramientos prehistóricos. Entre los restos encontrados había un enorme cráneo humano con una estructura facial muy brutal y primitiva, de tipo claramente neandertaloide. Pese a que no se pudo establecer una estratigrafía precisa, era evidente que los huesos procedían de la prehistoria. El cráneo fue bautizado por los paleontólogos como «hombre de Broken Hill» u «hombre de Rhodesia», aunque también es conocido como «el Neandertal africano».

Al estudiar el cráneo de este hombre primitivo, los expertos apreciaron dos hechos curiosos: el primero era que aquel ser, que había vivido hacía más de un millón de años había sufrido una enfermedad dental. Éste es un hecho anecdótico y aparentemente normal; sin embargo, también observaron que a ambos lados del cráneo había dos orificios de igual diámetro, que según el profesor Mair, de Berlín, parecían los orificios de entrada y salida de una bala.

El enigma que esto planteaba parecía inexplicable. Hubo incluso quien aventuró una hipótesis imposible, planteando que el «hombre de Broken Hill» podría haber sido un fósil superviviente al que hubiera disparado un cazador moderno. Esta explicación no sólo resulta inverosímil, sino que no justificaría su presencia en una caverna que llevaba cerrada, al parecer, miles de años. La ciencia no fue capaz de encontrar una hipótesis factible sobre el hombre de Broken Hill, así que decidió dejar de lado el tema y pasó a ser uno de tantos enigmas sin resolver.

Sin embargo, el hombre de Broken Hill no es el único resto arqueológico que presenta huellas de bala. En Moiá, una localidad de la provincia de Barcelona, fue hallado un cráneo que se encontraba en bastante buen estado. Procede de la cueva del Toll, una interesante cavidad subterránea recorrida por un curso de agua que constituyó un albergue humano durante unos cinco mil años, desde los albores del Paleolítico hasta la Edad del Bronce. Los restos de animales (*Ursus spaeleus* u oso de las cavernas, tigre de dientes de sable, hienas e incluso huesos de rinoceronte lanudo) abundan en ella, junto con restos, utillaje y ajuar humanos.

El cráneo encontrado pertenecía a un hombre moderno, un Cro-Magnon que vivió hace seis o siete mil años según los datos históricos. La altura del hombre debía ser de 1,70 metros y había llegado hasta los cincuenta años de edad. Hasta aquí todo parece normal; pero en la frente del cráneo se puede apreciar una curiosa perforación. Su forma es completamente circular, exactamente igual a la que produciría una bala moderna. Los expertos descartaron que el orificio fuera causado por una punta de lanza de sílex, ya que en ese caso se hubiera producido una fractura traumática irregular en forma de estrella. Sin embargo, el ángulo de penetración del supuesto proyectil causante de la herida era de arriba abajo y ligeramente de derecha a izquierda. Además, el orificio se abría en el hueso frontal y daba directamente al seno frontal derecho, en cuyo tabique no se apreciaba orificio de salida y por tanto el proyectil debería haberse alojado en el seno frontal. Los científicos dedujeron que el sujeto debió sobrevivir a la herida, pues los bordes del orificio aparecían esclerosados (dando lugar a lo que se conoce como «callo óseo»), y, además, la herida no afectó a ninguna de sus partes vitales.

Otra posibilidad que se contempló fue que pudiera tratarse de una trepanación, técnica relativamente habitual entre los hombres prehistóricos. Sin embargo, la trepanación se solía practicar en los huesos parietales, y los orificios que dejaba eran más grandes e irregulares. De nuevo el caso de los posibles disparos sigue sin respuesta.

El bumerán

Este objeto que nos resulta tan familiar, no sólo ha sido utilizado en Australia, como podríamos creer en un principio. Se han encontrado algunos en el nordeste de África y también sabemos que eran conocidos en el antiguo Egipto, Mesopotamia y Europa: el ejemplar más antiguo fue hallado en la actual Polonia, y las técnicas de radiocarbono lo han datado en una antigüedad de 20.300 años aproximadamente. También en Holanda se ha encontrado un ejemplar, en este caso hecho de roble y de unos 2.200 años de antigüedad.

Todos los bumeranes hallados están construidos en madera, y como se trata de un material muy poco resistente al paso del tiempo debemos asumir que su uso fue mucho más antiguo y generalizado, extendiéndose a prácticamente todas las culturas humanas.

El periodista checo Jan Novak ha destacado que: «La complejidad aerodinámica de un bumerán es mucho mayor que la del ala de un avión». Y hoy no concebiríamos su diseño sin pasar primero por un laboratorio de aerodinámica con túnel de viento. El fundamento del ala de avión es que el aire de la parte de arriba debe fluir más rápido que el de la parte baja para crear un empuje hacia arriba. El principio del bumerán es el mismo pero infinitamente más complejo. Los brazos del bumerán se encuentran en un ángulo obtuso y durante su vuelo rotan sobre un centro de gravedad que no está situado en el centro del objeto sino algunos centímetros escorado. Su vuelo puede extenderse algunos kilómetros y el cálculo de su conocida rotación es de una exactitud increíble. De ahí que resulte difícil explicar su descubrimiento entre pueblos que no conocían los principios de la aerodinámica.

Hay quienes sostienen que el diseño de tan sorprendente aparato podría haber sido fruto del azar e irse copiando de un modelo a otro. Pero esta explicación resulta imposible si tenemos en cuenta que los bumeranes volaron por todo el mundo y lo hicieron entre civilizaciones que según la historia oficial nunca se conocieron entre sí. Lo que es evidente es que su desarrollo no se entiende sin un conocimiento muy avanzado de las propiedades de la aerodinámica que la civilización occidental utiliza para volar. El bumerán fue utilizado en Egipto hace 20.300 años, pero por razones de desarrollo técnico los estudiosos no pudieron explicar su funcionamiento hasta finales del siglo XIX de nuestra era. Eso nos hace plantearnos de dónde pudieron aprender la forma de realizarlo, si intervino algún ser extraterrestre con conocimientos suficientes para adiestrarlos.

¿Tenían televisión los antiguos?

Este aparato, que consideramos uno de los símbolos de la modernidad, también tiene antecedentes misteriosos. En la *Vera Historia,* así como en *La historia heterodoxa* de Luciano y en el *Libro de Enoc* se habla de unos «espejos mágicos» a través de los cuales se podían observar escenas que se estaban desarrollando a mucha distancia y en directo. E igualmente en el denominado *Libro de las Seis Ciencias,* un libro de saberes ancestrales, se hacen alusiones a espejos similares, en los que era factible contemplar escenas lejanas, pero no solamente distantes en el espacio, sino también de otro tiempo, pasadas e incluso futuras. Es lo más parecido a una televisión que podemos imaginar.

En la antigüedad remota pudo conocerse el rayo láser, hecho que explicaría que las ruinas de una ciudad del Estado de Nevada estén fundidas por una cantidad tan grande de calor como sólo el láser es capaz de producir. Incluso en nuestros días, habiendo pasado miles de años, no arraigan vegetales en sus contornos. Igualmente, hay que tener en cuenta que en muchos lugares del mundo se han hallado «piedras negras» con un elevado porcentaje de berilo y aluminio, lo que parece demostrar que fueron sometidas a elevadísimas temperaturas y a bombardeo radiactivo.

Robots y autómatas fuera de su tiempo

Todas las culturas han fabricado sus robots o, según otras teorías, han sido aleccionados por culturas superiores sobre cómo fabricarlos. Por tanto, las leyendas, historias y evidencias sobre hombres mecánicos son universales.

Contrariamente a lo que pueda parecer, la figura del robot es muy antigua y muy común. Varias lenguas clásicas dedican palabras específicas al fenómeno y hablan de ellos en textos cotidianos. Eso demuestra que en la antigüedad la figura del robot estaba extendida, al menos en el imaginario de dichas culturas. De entre los autores de robots nos han llegado varios nombres:

— En el año 500 a.C., King-su Tse, en China, inventa una urraca voladora de madera y bambú y un caballo de madera que saltaba.

— En el año 206 a.C.,en China, fue encontrado el tesoro de Chin Shih Hueng Ti, que consistía en una orquesta mecánica de muñecos.

— En el año 335 d.C., Hsieh Fec construyó un carro con cuatro ruedas con la figura de Buda, hecha de madera de sándalo.

— En el año 700 d.C., Huang Kun construyó barcos con figuras de animales, cantantes, músicos y danzarines que se movían.

— En el año 770 d.C., Yang Wu-Lien construyó un mono que extendía las manos mientras decía: «¡Limosna!

¡Limosna!», e incluso guardaba lo que le daban en una bolsa cuando alcanzaba un peso determinado.

— En el año 840 d.C. el príncipe Kaya, hijo del Emperador Kannuuna, fabricó una muñeca que derramaba agua.

— En el año 890 d.C. Han Chih Ho creó un gato de madera que cazaba ratas, y también unas moscas tigre que bailaban.

El sabio príncipe hindú Bhoja, escribió en el año 1050 el *Samarangana-Sutradhara*, un texto que incluye comentarios sobre la construcción de máquinas o «yantras».

En China se llamaba *Khawai-Shuh* al arte de proporcionar vida a los muñecos, que se utilizaban exclusivamente como sirvientes de su dueño. Las leyendas cuentan que fue precisamente en China donde tuvo lugar una romántica historia de amor y celos por culpa de un robot extraordinariamente bello e inteligente que poseía el emperador Tachouan. Su esposa se enamoró hasta tal extremo del artefacto que Tachouan sufrió unos terribles celos y lo hizo destruir por completo. Los robots se enfrentaban ya desde sus inicios a los seres humanos.

En el año 1500 a.C., Amenhotep, hermano de Hapu, construyó una estatua de Memnon, el rey de Etiopía, que emitía unos poderosos sonidos al ser iluminada por los rayos del sol cuando amanecía.

Adriano y Septimio Severo, dos emperadores romanos, oyeron esa música en uno de sus viajes a Egipto y se quedaron asombrados. Mucho se habló de la estatua de Memnon, por lo que su existencia parece cierta. Funcionaba gracias a las corrientes de aire que generaba el cambio de temperatura entre la gélida noche del desierto y el calor que producía la salida del Sol.

Pero este no es el único caso de algo similar a un gramófono. Andrew Tomas sostiene en uno de sus libros que muchos personajes conocidos en la antigüedad poseyeron «piedras que hablaban»: por ejemplo, el fenicio Sanchuniathon, en el año 1193 a.C., Pilo Biblos, en el año 150 d.C. y Eusebio, en el año 300.

Los antiguos griegos incluso poseían una palabra específica para denominar a este tipo de máquinas, *automatos*, de la que deriva la actual autómata: máquina que imita la figura y movimientos de un ser animado.

También en su célebre mitología aparecen los robots. Los dioses del Olimpo griego tuvieron, según cuentan las leyendas, robots. Y Hefaistos, el forjador del Olimpo, poseyó dos que tenían la forma de hermosas jóvenes que lo transportaban a hombros y acudían cuando fuera necesario a socorrer a todo el ejército de dioses.

El primer autómata registrado por la Historia es el de Arquitas de Tarento, que vivió entre los años 400 y 397 a.C. Arquitas construyó un pichón de madera que simulaba el vuelo y se sostenía gracias al aire sutil que contenía dentro. Seguramente se trataría de vapor, que era conocido y utilizado por los griegos como fuerza motriz. Arquitas es también el inventor del tornillo y la polea.

Otro inventor fue Cresibio, quien inventó entre los años 300 y 270 a.C. una clepsidra (reloj de agua) y un órgano que también funcionaba con agua.

Pero el auténtico maestro de autómatas es Heron de Alejandría, nacido en el año 85 a.C. Heron llegó a construir, con fines eminentemente lúdicos, hasta 222 mecanismos que se movían a través de dispositivos hidráulicos, poleas y palancas. Incluso desarrolló, en la Grecia antigua, un dispositivo similar al de las puertas automáticas actuales. La puerta del santuario de Zeus en Atenas se abría automáticamente cuando se encendía un fuego en un altar del santuario y se cerraba al extinguirse el fuego. También inventó un dispositivo automático del que salía agua bendita cuando era insertada una moneda. E igualmente creó un teatro automático en el cual las figuras que se encuentran montadas en una caja cambian de posición ante los ojos de los espectadores: se trata de pájaros cantores, trompetas que suenan, medidores de la fuerza del vapor, animales que beben, termoscopios, sifones y una serie de máquinas que funcionaban con monedas.

Pero lo más sorprendente es que los grandes filósofos de la época consideran a los autómatas como una realidad cotidiana. Platón hablaba de sus robots en muchos de sus escritos y llegó a contar que eran tan perfectos que podría decirse que muchas veces actuaban por su cuenta, sin tener en consideración las órdenes que se les transmitían. Su independencia llegaba hasta el punto de que si no se tenía cuidado con ellos, se escapaban. Incluso Aristóteles concibió en su obra *La política* la visión de un mundo poblado de autómatas que trabajaban para el hombre.

El monje Gerbert d'Aurillac, que después sería nombrado Papa bajo el nombre de Silvestre II, vivió entre los años 920 y 1003, y fue profesor que fue de la Universidad de Reims. Gracias a ello tuvo acceso a libros muy antiguos, cifrados y crípticos, que explicaban a quien fuera capaz de desentrañarlos la teoría y la práctica de la construcción de robots entre otros misterios. El Papa del primer milenio, además de profesor, fue un hombre versado en alquimia y en saberes ocultos. Se cuenta que llegó a construir un robot que incluso hablaba. Algunos documentos que citan a este insólito personaje mecánico se encuentran prácticamente enterrados en la Biblioteca del Vaticano.

El robot de Santo Tomás

San Alberto Magno fabricó un robot en el que empleó nada menos que veinte años, y se supone que las instrucciones que se lo hicieron posible debió hallarlas en algunos manuscritos anteriores a la presencia de Jesucristo, probablemente egipcios. San Alberto compartía en París un pequeño cuarto con el que sería Doctor Angélico de la Iglesia, santo Tomás. Ambos eran estudiantes de la Sorbona pero representaban dos tradiciones bien distintas. Tomás, padre de la escolástica, es la voz oficial de la iglesia, mientras que Alberto es el seguidor de las tradiciones antiguas.

Cuentan que el robot de San Alberto era excesivamente juguetón y revoltoso, tanto que perturbaba en gran manera la concentración que la labor de teología y apostolado requiere. Hasta que un día, cansado de sus ruidos y de sus juegos, Santo Tomás lo destrozó con un martillo en un arrebato de ira. El robot, nunca volvió a funcionar; su única falta fue paradójicamente el estar demasiado vivo.

De ese período datan también otros autómatas de los que sólo nos han llegado referencias vagamente documentadas, como el «Hombre de Hierro» de Carlo Magno o la «Cabeza Parlante» de Roger Bacon construida después de siete años de trabajo.

Por el contrario, el «Gallo de Estrasburgo» se ha conservado hasta nuestros días. Creado en 1352, es el autómata más antiguo que se puede admirar en la actualidad, y se inventó para que formara parte del reloj de la torre de la catedral de Estrasburgo. Cuando el reloj marcaba las horas aparecía el gallo, moviendo las alas y el pico, y su aparición pronto se convirtió en una de las atracciones de la ciudad.

Leonardo Da Vinci, el gran visionario

Durante los siglos XV y XVI algunos de los más relevantes representantes del Renacimiento se interesaban también por los ingenios descritos y desarrollados por los griegos. Durante el Renacimiento, en los años en que Colón descubría América, los europeos, hartos de la tutela en que los había tenido la Iglesia durante la Edad Media, empezaron a pensar y a sentir por sí mismos. Ése fue el caso de Leonardo Da Vinci (1452-1519), quien ha sido considerado por muchos el genio más grande que ha dado la humanidad. Pintor, dibujante, escultor, ingeniero e inventor, Leonardo representó más que nadie al hombre del Renacimiento. Realizó trabajos sobre Geometría, sobre estática y dinámica, biología, geología, botánica y sistemas hidráulicos. Ilustraba sus textos con dibujos y comentarios, que en un principio resultaron ilegibles porque los había escrito de derecha a izquierda, aprovechando que era zurdo y con el propósito de ocultarlos. Pero sus dibujos, representaban sueños proféticos más que máquinas verdaderas, de ahí que se considere un personaje visionario y misterioso, un hombre extrañamente adelantado a su tiempo.

Como ingeniero, son muchos los inventos atribuidos a Leonardo, desde un diseño para la fabricación de un helicóptero (modelo dotado de alas giratorias equipado con amortiguadores para conseguir un suave aterrizaje) o un vehículo automóvil hasta el común rallador de pan, pasando por una práctica sierra para mármol, embarcaciones sumergibles (submarinos) o trajes para buzos de combate; una máquina para pulir espejos, una grúa móvil que facilitaría las labores de construcción, consiguiendo elevar pesadas cargas; su excavadora flotante pretendía conseguir que los ríos fuesen navegables; su molino de aire caliente, basado en el principio de la rueda de palas y en el aprovechamiento del calor residual, que se hace funcionar mediante un motor de palas que, instalado en una chimenea, gira a consecuencia de la ascensión de gases de combustión caliente. El mismo sistema será utilizado en otra de sus máquinas, pero haciendo que el motor sea movido por agua. Es un precedente de los medidores de caudal inventados más tarde. Sin embargo, ninguno de estos inventos pasó del estadio del diseño, ni fue utilizado, a pesar de que Leonardo no solo diseñaba extraordinarias máquinas sino que también se ocupaba de resolver todos y cada uno de los problemas relacionados con la construcción de las mismas.

Leonardo también es uno de los constructores de autómatas. Son muchos los documentos que se refieren al «León Mecánico» que creó para el rey Luis XII de Francia. Este complejo animal mecánico podía abrirse el pecho con la garra para así mostrar el escudo de armas del rey.

La bicicleta de Leonardo

En un manuscrito atribuido a Leonardo se halló el esquema de una bicicleta, que si bien no poseía juego de dirección, tenía pedales, cadena y desmultiplicación, mientras que el guardabarros hacia las veces de sillín.

Algunos críticos dijeron que el dibujo no era obra de Leonardo, pero con el tiempo perdieron fuerza y credibilidad. La afirmación de que Leonardo, en su época, era incapaz de imaginar semejantes adelantos, fue refutada al encontrarse dibujos suyos que ilustran transmisiones de cadenas similares a las de la bicicleta.

Aparatos voladores

Leonardo dedicó grandes esfuerzos al diseño de aparatos voladores (ornitópodos), y llegó a construir algunos para un solo ocupante. Proyectó ornitópteros que se accionaban por la fuerza de las piernas y disponían de un timón de profundidad. Y también construyó modelos dotados de alas giratorias, equipados con amortiguadores para permitir un buen aterrizaje.

Las máquinas de guerra

Da Vinci inventó innumerables aparatos y armas de guerra entre los que destacan los bocetos de carro blindado, un vehículo accionado por hombres mediante manivelas dotado de una coraza en forma de cono aplastado, embarcaciones de un solo ocupante, botes de ariete, un submarino, trajes de buzo de combate y chalecos antibala.

Reciente, la emisora británica BBC ha defendido en una serie documental sobre Leonardo que éste cometió errores adrede en sus inventos para evitar que sus aparatos pudiesen tener un uso militar. Según el documental, Leonardo lo hizo básicamente porque era un pacifista, pero también porque de ese modo, en una época en la que no se podían patentar los inventos, podría asegurarse de que nadie pudiese explotar sus ideas.

Los cráneos de cristal

El «Cráneo del Destino» es el nombre de una de las calaveras de cristal más famosas entre las que se han encontrado en diversos puntos del continente americano. Fue hallado en el año 1927 por Fredrik A. Mitchell-Hedges. Es un llamativo objeto de cristal de poco más de cinco kilogramos de peso, que tiene la particularidad —aparte de poseer una extraordinaria terminación— de que su mandíbula está separada y articulada.

El polifacético explorador inglés Frederick A. Mitchell-Hedges llegó a la selva tropical de Belice (Honduras Británicas), en América Central, con un grupo de amigos y colaboradores. Al poco tiempo de llegar a la zona conocida como Punta Gorda comenzó sus excavaciones, en plena selva, en busca de ruinas mayas. Tras varios meses de trabajo infatigable con la ayuda de empleados nativos, Mitchell-Hedges descubrió una gran plaza de piedra, varias pirámides, casas y cámaras subterráneas pertenecientes a un complejo arquitectónico que bautizó con el nombre de *Lubaantun* (que significa algo así como «Ciudad de las Piedras Caídas»).

El descubrimiento entusiasmó a Mitchell-Hedges, quien estaba convencido de que aquella ciudad había pertenecido a la legendaria Atlántida, lo que lo motivó para continuar las excavaciones durante siete años más.

Mientras trabajaban en las ruinas de un templo, Ana, la hija del explorador, vio algo que brillaba en un nicho cubierto de polvo. Era una increíble calavera de cristal y había estado durante siglos enterrada tras el altar. Cuando le sacudieron el polvo y la grima acumulados comprobaron que su perfección era total, aunque le faltaba la mandíbula, que fue hallada intacta tres meses después, tras una intensa búsqueda.

El «Cráneo del Destino» es una calavera de cristal de roca a tamaño natural, de cinco kilos de peso, esculpida en una sola pieza. La perfección absoluta de su tallado y su incólume pulido, la exactitud de sus detalles y su mandíbula articulada la convierten en una réplica exacta de un cráneo humano, pero el origen de su fabricación, al parecer hace siglos, es un auténtico misterio.

Como la hija del explorador cumplía años el día del descubrimiento, el cráneo de cristal terminó siendo un regalo para ella. La perfección técnica en el diseño y elaboración de esta calavera ha fascinado a una verdadera legión de investigadores de numerosas disciplinas. Personas de distintas corrientes esotéricas le atribuyen poderes sobrenaturales y la han rodeado de un aura de magia y

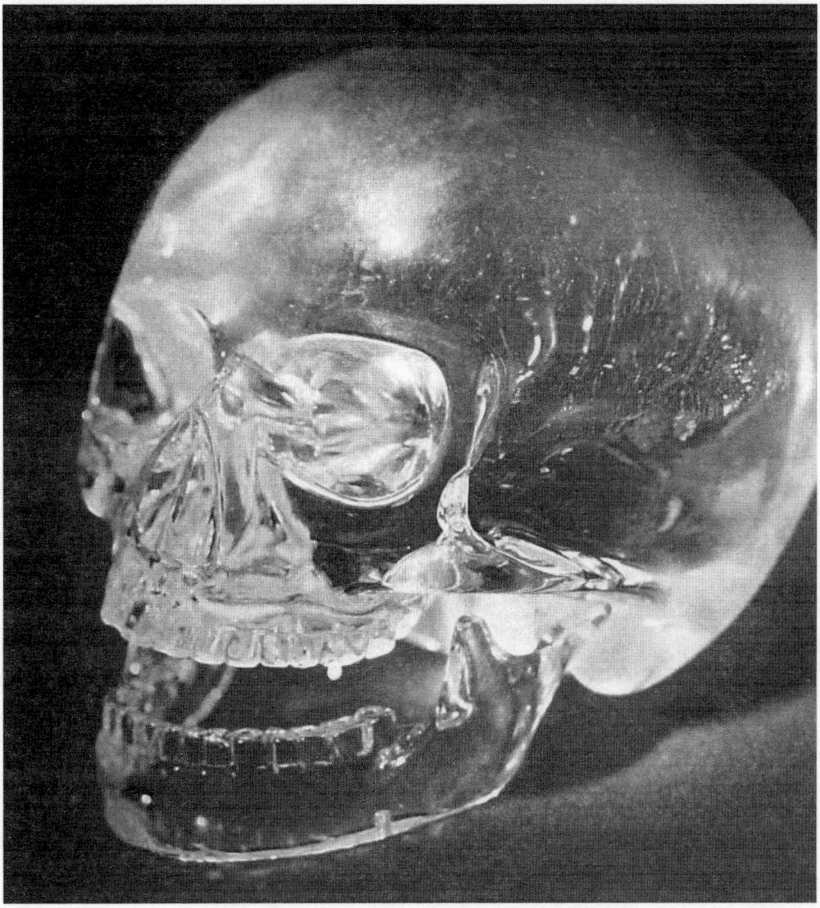

¿Cuál fue el uso real de esta calavera?
¿Es la portadora de la esencia energética
de magos y chamanes?

leyenda, lo cual ha causado una impresionante multiplicación de las calaveras de cristal que aparecen en manos de personas de todo el mundo. La fabricación del «Cráneo del Destino» por artesanos mayas está rodeada de todo tipo de dudas y afirmaciones de que es una imposibilidad técnica.

Realizado en cristal de cuarzo, este cráneo alcanza una dureza en la escala de Mohs de 7 sobre un máximo de 10, lo que significa que sólo pudo ser cortado y pulido con esa precisión con herramientas muy duras, como el corindón (rubí) o el diamante.

Las alusiones directas a la Atlántida nunca fueron bien vistas en ambientes académicos, así que la comunidad arqueológica científica consideró los hallazgos de Mitchell-Hedges carentes de interés científico.

Sin embargo, según el referido arqueólogo y aventurero inglés, el «Cráneo del Destino» habría tenido una utilidad mágica y ritual. Así lo explicaba su hija Anna: «Los mayas nos decían que la utilizaban para provocar la muerte o para curar enfermedades. Por ejemplo, si un hechicero era demasiado viejo para realizar ceremonias, elegía a un hombre joven y se postraban ambos en el altar (del cráneo). Entonces un sacerdote realizaba una ceremonia y los conocimientos del anciano pasaban al joven. A partir de entonces el anciano podía morir ya en paz, puesto que el joven se convertía en un hombre sabio... Este cráneo de cristal tiene enormes poderes, incluso de predicción sobre acontecimientos futuros».

El propio Mitchell-Hedges afirmó tras el descubrimiento de la enigmática calavera de cristal: «Se han plasmado en ella todos los males del mundo».

Muchas son las leyendas surgidas alrededor de la calavera. Una de ellas sostiene que pudo ser tallada con tal perfección porque los indios utilizaban los enigmáticos jugos de una extraña planta para reblandecer la piedra y ése fue el sistema que utilizaron para modelar la calavera. El arqueólogo norteamericano A. H. Perry cree que todas las grandes culturas indoamericanas conocían el secreto de esta planta.

El científico Frank Dorland asegura que la calavera posee propiedades inexplicables y, afirma que una noche en su casa y frente a testigos «habíamos sacado la calavera ubicándola sobre una mesa de café en el *living* para que la vieran nuestros visitantes». La iluminación era normal. «Nadie había tomado licor y todos conversábamos quedamente especulando acerca de su origen. Repentinamente enmudecimos pues comenzó a escucharse un sonido tintineante como el de campanitas lejanas, luego una especie de aura lumínica tomó forma alrededor de la calavera. Era algo parecido al halo que se forma alrededor de la Luna. Pasada la sorpresa inicial, Dorland apagó las luces del *living* para observar mejor el fenómeno. La calavera reflejando en sus múltiples prismas y lentes las luces que venían del comedor, resplandecía con un brillo misterioso, impresionante. El halo permaneció con la misma intensidad durante unos seis minutos más o menos. Luego se desvaneció por completo».

Las propiedades ópticas de la calavera son sorprendentes: si se alumbra desde abajo, la luz sale por las cuencas. Alcanzada por detrás por los rayos del sol, un intenso haz luminoso (capaz de encender fuego) sale por las cuencas, la nariz y la boca.

Una leyenda Maya se refiere a esas calaveras de cristal: cuando las trece calaveras estén reunidas, revelarán el secreto de la vida. Según su tradición, esas calaveras les han sido transmitidas por los Atlantes quienes las habían recibido de iniciadores llegados del cielo. Este relato es muy discutido debido a la gran discreción del mismo Frederick Mitchell-Hedges acerca del objeto, y de esta declaración que consta en su autobiografía: «...Tengo mis motivos para no revelar cómo vino en mi posesión. (...) Tiene 3.600 años y según la leyenda lo utilizaban los sacerdotes mayas para realizar unos ritos esotéricos».

Aunque no conozcamos su origen, lo que está claro es que su valoración en más de cuatro millones de dólares, y los misterios insondables que lo rodean lo convierten en una pieza estrella de la arqueología mundial. Por algo el célebre escritor de ficción científica Arthur C. Clarke (autor de *2001, una odisea espacial)* lo convirtió en el emblema de su serie «El Mundo Misterioso de Arthur Clarke». Y es que el «Cráneo del Destino» es todo un símbolo de los misterios del pasado que todavía hemos de desentrañar.

Otras calaveras muy curiosas

Existe un verdadero ejército de ellas de origen desconocido a lo largo y ancho del planeta. En el Museo del Hombre en París está expuesto un esqueleto completo tallado de quien los expertos del museo afirman que formaba parte de un «cetro mágico» azteca del siglo XIII o XIV d.C. y que era usado para tener alejadas a las serpientes y predecir el futuro.

Nick Nocerino, posesor de una calavera de cristal llamada «Sha-Na-Ra» fundó un instituto de investigación parapsicológica con el fin de estudiar sus propiedades.

También podemos encontrar calaveras en el *British Museum* y el *Smithsonian Institute,* en ambos casos con huellas de fabricación.

Otro ejemplo es la calavera de la cruz relicario, en la que los dientes han sido retocados mostrando el agujero que los españoles le hicieron para introducir la cruz.

El golem, ¿criatura mágica o robot?

El golem (en hebreo tierra o polvo, como Adán) es el hombre fallido creado por obra del nombre secreto de Dios, pronunciado sobre una figura de barro. Se trata de una leyenda popular judeo-cabalística inspirada en el relato bíblico. La leyenda cuenta que es posible la generación de un ser humano apropiándose de la potencia creadora del Verbo, con la fórmula mágica de la palabra «hombre».

El golem es una de las más conocidas ideas vinculadas con la Kabbalah judía. Apreciado y recreado hasta devenir tradición, novelas, películas y hasta cómics han recogido su historia y características. Da igual si con rigor y fidelidad o dando rienda suelta a la imaginación hasta generar figuras y hechos muy alejados de la noción original. Pueden citarse algunos ejemplos clásicos como el homúnculo alquímico recreado por Goethe en su segundo Fausto; el Frankenstein de Mary Shelley; la obra de Gustav Meyrinck, la visión terrorífica del cine expresionista o los cómics de Superman, en el siglo XX, sin olvidar todo el universo de robots y máquinas «pensantes», destructivas o benéficas, engendradas por la ciencia-ficción.

Pero no hay que olvidar la dimensión científica de esta idea de incalculable importancia: la robótica como prodigio de la ingeniería y la creación y producción de ingenios y máquinas imitadores y reproductores de la inteligencia humana; es decir, la posibilidad de que robots altamente perfeccionados lleguen a confundirse con el hombre, incluso a superarlo y a dominarlo.

Cuando este sueño, a menudo terrorífico, parece imposible en el planeta Tierra se remite a civilizaciones extraterrestres.

A lo largo de la historia se han efectuado rigurosos estudios científicos para averiguar qué era exactamente el golem, para qué fue creado y qué fue finalmente de él. Entre estos estudios cabe destacar la obra clásica de Moshé Idel, que recoge las innumerables leyendas surgidas alrededor del golem. No se trata de fantasías destinadas a entretener ni de historias banales, sobre todo si se tiene en cuenta la enorme importancia que la narración de historias tiene en el Judaísmo, tanto en forma oral como escrita. Muchos son los cuentos y leyendas que se han transmitido de forma oral acerca de Rabí León de Praga, sus relaciones con el emperador Rudolf II y sus propósitos de crear a Joseph, el golem, (también llamado Joseleh) para utilizarlo en defensa de los judíos, constantemente amenazados en aquel tiempo por los cambios de humor o de intereses de los gobiernos europeos, y más aún por los impulsos del pueblo, cuyo fanatismo alentaban quienes codiciaban los bienes de los judíos.

El emperador Rudolf II (1576-1612), un hombre ilustrado, humanista de espíritu refinado, reunió en su corte de Praga a los más destacados sabios europeos de la época, muchos de ellos mirados con recelo y hasta perseguidos por la Inquisición. Rudolf escuchó los consejos de Rabí León de Praga, a quien valoró y distinguió notablemente.

Lo fluctuante de la condición humana, sin exceptuar a los monarcas, inspiró a Rabí León de Praga el propósito de crear al golem, destinado a cumplir misiones peligrosas en defensa de los judíos.

El Rabí Loeb, el Maharal de Praga, asustado por el crecimiento del monstruo borró el nombre secreto inscrito sobre su frente para retornarlo a su estado inicial de masa informe. Otras leyendas aseguran que ciertos cabalistas no lograron anular al golem ni controlar sus actos nefastos.

Como decíamos antes, el golem representa a los autómatas como artificios androides o robots, cuyo origen se remonta a Hefaistos, Prometeo y Dédalo en la mitología griega, y en la saga hermética da lugar a la fabricación de las estatuas animadas.

En el caso del golem, autómatas y robots, la vida y el artificio se interpenetran como los cerebros y los ordenadores en la bioingeniería (con fabricación de órganos artificiales, como el corazón) y la biónica (caso de los órganos electrónicos: ojo, memoria, etc.) actuales. La fusión de la biotecnología y la microelectrónica constituyen la base de la simbiosis hombre-máquina, la posibilidad del *cyborg* o ser biónico, a medias biológico y a medias tecnológico, evolución beneficiosa o no, según se mire, de la raza humana.

El Arca de la Alianza

Hay quienes sostienen que se trataba realmente de un reactor nuclear, y añaden que concuerda también con el Libro de Samuel, capítulo 6, donde se habla precisamente de un accidente vinculado al Arca de la Alianza.

También hay hoy en día hay quien mantiene que debió tratarse de una descarga eléctrica. Cuentan que para impedir que el Arca cayera al suelo, el sacerdote Uzzá la tocó y murió en el acto. En Argentina, otro investigador por el estilo llamado José Álvarez López afirmó que «el Arca es el primer condensador eléctrico, con una capacidad de un microfaradio y una tensión de 20.000 voltios».

Serra asegura en «Ministerios Ocultos» que este objeto judío «fue en realidad un instrumento radiotransmisor de origen extraterrestre, ya que para muchos Yahvé fue seguramente una entidad alienígena que el pueblo de Israel aceptó como su Dios, en vista de los milagros que éste realizó para convencer a sus fieles de su divinidad».

Cuando el Rey David recapturó el Arca del Pacto y trató de llevarla de regreso al Monte de Sión, lo hizo indebidamente costándole la vida de uno de sus hombres. David puso el Arca en una carreta hecha por el hombre, conducida por Uza y Ahío. Uza significa «fuerza» y Ahío «amor fraternal». Cuando llegaron a la era, el buey tropezó desestabilizando el

Arca. Los reflejos de Uza (fuerza) actuaron tocando el Arca para sostenerla en su lugar, y murió, ya que era prohibido que él tocara el Arca. El Arca debía ser puesta sobre los hombros del Sacerdote ungido por Dios y no por animales en un artefacto hecho por el hombre.

Cuando Dios subió al Monte Sinaí y le dio a Moisés los diez mandamientos, que según los estudiosos debió ser aproximadamente en el año 1400 a.C., también le instruyó para que construyera el Arca con la finalidad de contener las Tablas de la Ley y para conversar a través de ella con Moisés y su pueblo. Lo más asombroso es que el texto en el que se describe el Arca es uno de los más detallados; se trata de las instrucciones más precisas que se dan en la Biblia.

Del Arca se dice en las sagradas escrituras que era el vehículo de comunicación de Dios con Moisés, pero además era el lugar en que Dios se presentaba en la Tierra manifestándose en la forma de una nube que aparecía entre los querubines de la cubierta del Arca.

Las diversas situaciones históricas que ha vivido la tierra de Moisés y la falta de un registro histórico en aquel período dificultan el poder seguir el destino que sufrió el Arca después de la captura y destrucción de Jerusalén por Nabucodonosor en el siglo VI a.C. Quienes investigan el misterio del Arca sólo pueden conjeturar acerca del paradero del regalo de Jehová al pueblo israelita.

La máquina de Antiquitera

La máquina de Antiquitera fue descubierta en 1900 por unos pescadores de esponjas griegos que faenaban en las inmediaciones de una isla del mismo nombre. El objeto en cuestión, descubierto entre los restos de un naufragio de un barco griego de casi dos mil años de antigüedad, presenta un insólito cuadro de ruedas dentadas, una veintena según Valerios Stais, del Museo Nacional de Atenas, que fue quien examinó por primera vez la máquina en 1902. Después del análisis minucioso del resto de los materiales recuperados de aquel naufragio, se dató en torno al año 65 d.C. la fecha del hundimiento del barco. Eso convierte a aquel mecanismo dotado de una compleja red de ruedas dentadas en algo anacrónico. No obstante, las inscripciones halladas en los metales del extraño mecanismo corroboran que la máquina pertenece a los inicios del siglo I. Como ejemplo sirve la inscripción más larga; ésta, que se conserva sobre los restos de metal hallados, resulta sorprendentemente similar a un calendario astronómico elaborado en el año 77 d.C.

El objeto no pasó de ser un tema más de discusión entre los amantes de las anomalías históricas hasta el mes de abril de 1974. En esa fecha la revista *Scientific American* publicó un artículo del profesor Derek J. de Solla Price, de la Universidad de Yale gracias al cual y a otros trabajos posteriores el problema cobró una nueva dimensión. Price reconoció haber comenzado a restaurar la máquina a primeros de los años cincuenta y haber sometido a rayos X, en 1972, el amasijo de metal rescatado en Antiquitera; resolviendo, tras sus observaciones, que se trataba de una especie de computadora astronómica bien precisa. Construida con ruedas de cobre, la máquina debía de haber contenido alrededor de treinta ruedas dentadas, con sus correspondientes diferenciales, y pudo haber estado dentro de una caja cubierta de inscripciones.

El descubrimiento de este objeto puso de manifiesto algo que puede extenderse a posteriores hallazgos: es probable que existiera una casta de hombres, diferente al común de los contemporáneos de la época helénica, que manejaran una tecnología extraordinariamente avanzada a su tiempo. Una tecnología que, en el caso del objeto hallado en Antiquitera, no volveremos a encontrar hasta bien entrado el siglo XVI.

Las pilas de Bagdad

En los años 30 del siglo XX, el ingeniero alemán Wilhem Köning, quien se encontraba a cargo del alcantarillado de la ciudad de Bagdad, visitó el Museo Arqueológico de esa ciudad. Le llamó la atención una vitrina que reunía una serie de objetos bajo el abstracto nombre de «objetos de culto» (una imprecisa denominación con que los arqueólogos reúnen las cosas a las que no pueden dar explicación), y descubrió algo que tenía más de científico que de místico. Eran unos recipientes de barro, de unos quince centímetros de altura, que contenían un cilindro de cobre tapado en su parte inferior. Dentro del cilindro, Köning vio una varilla de hierro. Investigó en el interior del recipiente y halló vestigios de ácido, que había corroído el metal. Todo parecía indicar que frente a él se encontraba una pila eléctrica utilizada como mínimo hacía catorce siglos.

La Segunda Guerra Mundial hizo que se dejara de lado el descubrimiento, hasta que años más tarde el científico Willy Ley construyó un duplicado del recipiente en el laboratorio de alto voltaje de la General Electric. Introdujo sulfato de cobre en el recipiente, ácido acético y cítrico, todos ellos elementos conocidos en la antigüedad, y la pila comenzó a trabajar.

A continuación descubrieron que aquellas pilas de Bagdad eran nuevas si las comparaban con otras halladas por el mismo rumbo, que se remontaban al siglo X antes de Cristo. Cuatro recipientes de barro con cilindros de cobre aparecieron cerca de Tell Olar, un lugar cercano a Bagdad. Y otros diez fueron hallados en Ktesifon por el profesor E. Kuhnel, del Museo de Estado de Berlín.

En la biblioteca Prince, en Uijjain, India, se conserva un documento conocido como *Agastya Samshita* que también data del siglo X a.C. Este documento contiene la descripción de una batería eléctrica, así como un aparato para dividir el agua en sus dos elementos, oxígeno e hidrógeno.

Respecto al uso que pudiera darse a las pilas, no existen pruebas de que los antiguos utilizasen la electricidad producida por estas pilas para iluminarse, pero sí las hay en cuanto a su aplicación para dar baños electrolíticos a ciertas piezas. El arqueólogo francés Augusto Mariette halló a mediados del siglo pasado en la región de Gizeh objetos recubiertos con una delgadísima capa de oro. Sin embargo, nunca llegaron a encontrarse los aparatos que debieron servir para dar estos baños. El secreto de la electricidad fue algo muy bien guardado, pero existen veladas alusiones a lámparas y aparatos utilizados en aquellos tiempos.

El marciano de Tassili

Cuenta la historia que el teniente coronel Brenans se hallaba realizando un reconocimiento del terreno en el solitario desierto argelino cuando se percató de que en las rocas había dibujadas unas extrañas figuras. Eran unas figuras gigantescas con rasgos humanoides.

Brenans le explicó su descubrimiento al coronel Carbillet y juntos volvieron al lugar, donde encontraron más de esas pinturas misteriosas junto a otras que representaban animales que seguramente habitaron aquel desértico paraje en tiempos remotos. Carbillet mandó llamar entonces a Henry Lothe, arqueólogo del Museo del Hombre de París, quien se personó en el lugar para examinar las pinturas. Junto con un gran equipo formado por arqueólogos, pintores y otros expertos en la materia, Henry Lothe llevó a cabo una exhaustiva investigación de aquellas pinturas que podían proceder de «otro mundo».

Gracias a las investigaciones, se pudo calcular que las pinturas databan del año 8000 a.C., aproximadamente; es decir, de hace más de diez mil años.

También pudieron afirmar, Lothe y su equipo, que las figuras habían sido realizadas por manos de una civilización antigua, al contrario de lo que se creía en un principio.

Después de haber transcurrido más de un año y medio de investigaciones, el equipo dio por concluidas las labores de estudio y abandonó el lugar y a aquellos curiosos seres de forma humanoide.

En un museo de El Cairo se exhibía un pequeño modelo de madera. Nadie tenía dudas acerca de lo que representaba: a simple vista se podían distinguir las alas, el plano de deriva, la cola y el sólido y voluminoso cuerpo de algún tipo de avión. El cuerpo de este modelo tenía una longitud de algo menos de quince centímetros y su envergadura era algo mayor de dieciocho centímetros. Había sido construido con madera de sicómoro, muy ligera, y cuando se lanzaba al aire con la mano podía volar durante una corta distancia. Este modelo ocupaba un lugar privilegiado en el Museo de Antigüedades de El Cairo, y estaba fechado alrededor del año 200 a.C.

Como en otros de los casos que analizábamos, esta pieza antigua constituye un desafío a nuestras concepciones sobre el desarrollo de la tecnología. Es uno de los innumerables enigmas que replantean la discusión acerca de los conocimientos científicos y de ingeniería de nuestros antepasados.

Cuando en 1898 —cinco años antes de que los hermanos Wright llevaran a cabo con éxito su primer vuelo a motor— se encontró este modelo en una tumba de la antigua ciudad egipcia de Saqqara, nadie lo relacionó con la idea del vuelo artificial. Fue almacenado en una caja que contenía figuras de pájaros. En 1969 lo redescubrió el doctor Kahlil Messiha, y quedó asombrado de su evidente semejanza con un avión moderno.

No era éste el único objeto semejante a un avión que se ha hallado en el planeta: existen una serie de pequeños objetos ornamentales de oro que han sido encontrados en Colombia, Costa Rica, Venezuela y Perú.

Iván T. Sanderson, jefe de la Sociedad para la Investigación de lo Inexplicado, en Estados Unidos, descubrió un ejemplar en una colección de objetos de arte antiguos de Colombia. Se trataba de un colgante de cinco centímetros de longitud. Los arqueólogos colombianos lo habían clasificado de «zoomorfo», que quiere decir que tiene forma de animal. Sin embargo, se parece mucho más a un avión de caza a reacción con alas en forma de delta que a cualquier tipo de pájaro. Posee unos apéndices triangulares muy parecidos a las alas de varios tipos de modernos aviones supersónicos, una cola pequeña y vertical, un plano de deriva, y a un lado de éste hay algo que se asemeja a un emblema. No obstante, este objeto ornamental se atribuye a los sinu, un pueblo preincaico que floreció desde el siglo V hasta el siglo VIII d.C.

Estos objetos, como vemos, se parecen a los aviones a reacción; pero hay que analizar hasta qué punto nos sirve de guía esta constatación. El emblema del plano de deriva del modelo colombiano se parece a la letra «B» semítica, y por eso algunos escritores han sacado la conclusión de que este modelo procedía del Oriente Medio.

El astronauta de Palenque

Carl Sagan, el famoso astrónomo, solía hacer mofa de aquellas personas que se afanan en encontrar proyectos de ingeniería en obras de arte a las que generalmente se atribuye un significado meramente ceremonial o religioso. Él mismo, sin ir más lejos, llegó a observar algo que se asemejaba a un vehículo anfibio en las esculturas del Templo del Sol en Teotihuacán, en México. Sin embargo, no contempló la posibilidad de que pudiese representar otra cosa que el dios de la lluvia, tal y como afirman los arqueólogos.

No es que resulte extraño hallar un vehículo anfibio en aquella sociedad, pero sí es demasiado parecido a los vehículos de nuestros tiempos. Pero estas interpretaciones pueden ser rechazadas porque convertirían a los habitantes del pasado en seres demasiado parecidos a nosotros. Sagan opinaba que «estos artefactos son, de hecho, tests de proyección psicológica. La gente ve en ellos lo que desea ver».

En este punto, resulta conveniente recordar lo misteriosas que son las costumbres de las culturas desconocidas, la gran importancia que se le atribuía a actividades que a nosotros se nos hacen inexplicables y el enorme trabajo que les dedicaron.

Cuando la zona de Diquís estaba siendo despejada para realizar plantaciones en los años treinta del siglo XX, los trabajadores vieron interrumpida su labor por cientos de piedras esparcidas por el suelo del bosque que parecían haber sido alisadas artificialmente. Las más grandes tenían aproximadamente unos dos metros y medio de diámetro y constituían esferas casi perfectas. Eran en su origen de forma irregular, y se pulían mediante piedras más pequeñas y arena mojada que actuaba como medio abrasivo. Su forma se conseguía por medio de unas plantillas recortadas. Los expertos dedujeron que todo este proceso requería un trabajo que requería tesón y paciencia y que debía ser realizado por un gran número de personas durante un largo período de tiempo.

También observaron que después de construidas, las piedras, que podían llegar a pesar hasta dieciséis toneladas, tenían que ser arrastradas desde el lugar de donde habían sido extraídas (posiblemente en la desembocadura del río Diquís), hasta sus lugares de destino, quizá a cuarenta y ocho kilómetros de distancia. Para ello eran colocadas a menudo en grupos o en líneas rectas o curvas. Algunas han sido incluso halladas encima de tumbas humanas.

El problema es que desconocemos completamente el propósito de este enorme esfuerzo tanto para fabricar como para transportar estas misteriosas piedras. Algunos especulan que representan el Sol, la Luna u otros cuerpos

¿Fue un astronauta el hombre de Palenque?
¿Procedía del espacio exterior y ello le llevó
a ser considerado como un dios?

celestes, mientras que otros estudiosos creen que son símbolos de la perfección.

De cualquier forma, no disponemos de ninguna técnica para determinar la fecha en la que las piedras fueron labradas. A veces surgen pistas, pero suelen ser contradictorias. Así pues, no podemos averiguar quiénes fueron los constructores de las extrañas esferas, ni cuál fue su propósito.

El *perpetuum mobile*

Al iniciar la historia del móvil perpetuo hay que comenzar por saber dónde apareció esta noción y qué significa.

La idea sobre un dispositivo que pudiera poner en movimiento las máquinas sin utilizar ni la fuerza muscular de los hombres y los animales ni la fuerza del viento y del agua surgió por primera vez en la India en el siglo XII. Sin embargo, el interés práctico hacia ella apareció en las ciudades medievales de Europa en el siglo XIII. No es algo casual, ya que el motor universal, capaz de funcionar en cualquier lugar, sería de gran utilidad para el artesano medieval. Podría poner en movimiento los fuelles, que suministraban el aire a las fraguas y hornos, las bombas de agua, dar vueltas a los molinos, elevar cargas en las obras... Hablando en el lenguaje actual, la creación de semejante motor permitiría dar un paso considerable en la energética y en el desarrollo de las fuerzas productivas en general.

La ciencia medieval no estaba preparada para estas búsquedas. Las nociones relacionadas con la energía y las leyes de sus transformaciones, habituales para nosotros, en aquellos tiempos todavía no existían. Por esta razón, es natural que las personas que soñaban en crear el motor universal se apoyaban ante todo en el movimiento perpetuo que ellos vieron en la naturaleza que les rodeaba: el movimiento del Sol, la Luna y los planetas, los flujos y reflujos de los mares, la corriente de los ríos. Este movimiento perpetuo se llamaba móvil perpetuo natural. La existencia de semejante movimiento perpetuo natural desde el punto de vista medieval atestiguaba sobre la posibilidad de crear también un movimiento perpetuo artificial. Hacía falta solamente encontrar el método de transmisión de los fenómenos existentes en la naturaleza a las máquinas creadas artificialmente.

Como resultado de tal transferencia la palabra «perpetuum» (perpetuo) adquirió en este término un sentido algo distinto. Con arreglo a la técnica él ya significaba no «sin fin» sino, más bien, «ininterrumpido», «de acción constante». Era evidente que cualquier máquina artificial creada por el hombre no es eterna y, al fin y al cabo, se desgasta. Pero mientras el motor existe, debe funcionar constantemente.

Hasta nuestros días ha llegado la correspondencia que durante los años 1715-1722 mantuvo el zar Pedro I con un tal doctor Orfirius, sobre la adquisición de un motor de movimiento continuo ideado por este último. Este inventor, que se había hecho muy popular en toda Alemania con su «rueda automotriz», dijo que estaba de acuerdo en venderle su máquina al zar, pero por una suma enorme. El bibliotecario científico Schumacher, que era el enviado de Pedro I en Occidente para adquirir cosas originales, informaba al zar sobre las exigencias de Orfirius, con el cual mantenía las negociaciones, en los términos siguientes: «La última palabra del inventor fue: pónganme en un lado cien mil rublos y en el otro pondré yo la máquina».

Sobre la propia máquina, según palabras del bibliotecario, decía el inventor que «es segura, y nadie puede difamarla si no es con intención, porque el mundo está lleno de gentes malas, de las cuales no es posible creer nada».

En enero de 1725, Pedro I pensaba ir a Alemania para ver personalmente este motor de movimiento continuo, pero la muerte le impidió al zar realizar su propósito.

El verdadero apellido del misterioso doctor Orfirius era Besier. Nació en Alemania en el año 1680, estudió teología, medicina, pintura y finalmente se dedicó a inventar el movimiento continuo. De los muchos millares de inventores de este tipo, Orfirius es el más célebre y, quizás, el más afortunado. Hasta el fin de sus días (murió en 1745) vivió en la abundancia gracias a los ingresos que le proporcionaba la exposición pública de su máquina.

La máquina, de 1714, aparece dibujada en las páginas de un antiguo libro, y puede verse una gran rueda, la cual, según se decía, no sólo giraba sobre sí misma sino que elevaba un peso a una altura considerable.

La fama del maravilloso invento, que el letrado doctor comenzó a mostrar en las ferias, se extendió pronto por toda Alemania, y Orfirius no tardó en encontrar poderosos protectores. Por él se interesó el rey de Polonia y el vizconde de Hessen Casseis. Este último ofreció al inventor su propio castillo e hizo toda clase de pruebas con la máquina. Una de estas pruebas se realizó el 12 de noviembre de 1717. La máquina, que se encontraba en una habitación aislada, fue puesta en marcha y después se cerró con candado la puerta de la habitación, se precintó y se confió a la vigilancia de dos granaderos. Durante catorce días nadie osó acercarse a la habitación en que giraba la misteriosa rueda.

El día 26 de noviembre se quitaron los precintos, y el vizconde entró en la habitación acompañado de su séquito. Ahí estaba la rueda, que seguía girando sin disminuir su velocidad. Después de constatar esto, pararon la máquina, la examinaron minuciosamente y la volvieron a poner en marcha. Durante cuarenta días quedó otra vez cerrada y precintada la habitación, y durante cuarenta días volvieron a hacer guardia ante su puerta los granaderos. El 4 de enero de 1718 se levantaron los precintos y una comisión de expertos encontró que la rueda continuaba moviéndose.

El vizconde, no contento con esto, decidió someter la máquina a una nueva prueba, dejándola precintada durante dos meses enteros. Y al final de este plazo... ¡volvieron a encontrarla en movimiento!

Como recompensa, el inventor recibió del vizconde un certificado en el que se decía que su *perpetuum mobile* daba cincuenta vueltas por minuto y podía levantar 16 kilos a una altura de 1,5 metros, así como poner en movimiento un fuelle de herrero y una máquina de afilar. Con este certificado, Orfirius recorrió Europa, y es de suponer que sus ganancias fueron considerables, puesto que si dio su conformidad para vender la máquina a Pedro I, lo hizo nada menos que por cien mil rublos, en esa época una pequeña fortuna.

La nueva sobre el extraordinario invento del doctor Orfirius se extendió por toda Europa, penetrando hasta en los países más alejados de las fronteras de Alemania. De esta forma llegó a oídos de Pedro I y despertó en este zar, tan entusiasta de las máquinas ingeniosas, un extraordinario interés.

Pedro I comenzó a querer saber más sobre la rueda de Orfirius en el año 1715, durante su estancia en el extranjero, y ya entonces encomendó al conocido diplomático Osterman que averiguase cuanto pudiera acerca del curioso invento. El diplomático le envió un detallado informe sobre la máquina, aunque personalmente no logró verla.

Pedro I pensaba proponer a Orfirius, como eminente inventor, un cargo a su servicio y, con este motivo, encomendó que solicitasen del célebre filósofo Christian Wolff la opinión que tenía sobre él.

El insigne inventor recibía de todas partes ofertas y proposiciones. Los grandes de todo el mundo lo colmaron de los más altos favores; los poetas componían odas e himnos en loor de su maravillosa rueda. Pero tampoco faltaron malintencionados que sospecharon la existencia de algún hábil engaño. Hubo incluso quienes se atrevieron a acusar a Orfirius de bribonería. Se ofreció un premio de mil marcos al que descubriera el fraude. El secreto de este motor de movimiento continuo, en opinión del autor de uno de los panfletos que desconfiaban de Orfirius, consistía sencillamente en que una persona, hábilmente escondida, tiraba de una cuerda. Ésta debía estar enrollada en la parte del eje de la rueda que entraba dentro del montante, de forma que resultaba invisible a los ojos del que la observaba.

Pero esta fina bribonería pudo descubrirse solamente por casualidad, cuando el letrado doctor regañó a su esposa y su sirvienta, las cuales eran copartícipes del secreto. De no haber ocurrido este incidente, lo más probable es que hasta ahora hubiéramos seguido sin entender el *perpetuum mobile* que tanto ruido armó. Como se supo entonces, el dichoso motor estaba efectivamente movido por personas ocultas, las cuales tiraban disimuladamente de un cordón delgado. Estas personas eran el hermano del inventor y la sirvienta.

Sin embargo, el desenmascarado inventor no se dio por vencido, sino que aseguró obstinadamente hasta su fallecimiento que la traición y acusación de que fue objeto por parte de su mujer y de la criada era producto del rencor. Pero, pese a todo, perdió la confianza que en él tenían. Por eso aseguraba al embajador de Pedro I, es decir, a Schumacher, que la gente era malintencionada y que «el mundo está lleno de gentes malas, de las cuales no es posible creer nada».

En la época de Pedro I también se hizo célebre en Alemania el motor de movimiento continuo de un tal Gártner. Sobre ésta máquina, Schumacher escribía lo siguiente:

«El *perpetuum mobile* del señor Gártner, que he visto en Dresde, consta de un lienzo lleno de arena y de una máquina parecida a una rueda de afilar, la cual se mueve a sí misma hacia delante y hacia atrás, pero según palabras del señor inventor, no se puede hacer en gran tamaño. Indudablemente, este motor tampoco conseguiría su propósito y, en el mejor de los casos, no pasaría de ser un mecanismo raro, provisto de un motor viviente, que no sería eterno ni mucho menos, y que se encontraría hábilmente disimulado».

Schumacher parece que estaba en lo cierto cuando le escribió a Pedro I que los científicos franceses e ingleses no creían en estos *perpetuum mobile* y aseguraban que estaban en contradicción con los principios matemáticos.

Los mapas de Piri Reis

Mustafá Kemal, llamado por el pueblo Atatürk (padre de la patria), era el presidente de Turquía allá por el año 1929. Pues bien, Kemal se propuso derribar las viejas instituciones feudales, la esclavitud y los harenes para transformar a su país en un estado moderno. Una de sus primeras tareas consistió en mandar a casa a las odaliscas del palacio Topkapi. A continuación encomendó a Malil Edhem, director del Museo Nacional de Turquía, poner orden en los tesoros que albergaba el edificio. Fue allí donde el 9 de noviembre de 1929 apareció un viejo mapa dibujado en piel de ante que mostraba las costas del continente americano y las de Europa y África.

En estas anotaciones, llamadas *bahriye*, se narraban las aventuras de Piri Muhyi I Din Re'is (Piri Reis, 1470-1554) hijo de Hadj Mehmet, sobrino de uno de los más famosos piratas turcos que asolaron el mar Mediterráneo entre los siglos XV y XVI, el pirata Kemal Reis. Al igual que su tío, Piri Reis ejerció esta profesión al servicio del Sultán Selim I. Conocedor de muchas lenguas como el italiano, el griego, el español y el portugués, su gran pasión fue la cartografía, llegando a publicar un libro en el que recogía más de doscientos diez mapas de todos los mares del mundo, el *Kitabi Bahriye*. Este tomo es una gran recopilación de antiguos mapas copiados por él y obtenidos de sus saqueos marítimos o comprados a comerciantes en los diversos puertos que visitó. Piri Reis comenzó a confeccionar los mapas en Gallipoli, una ciudad que en 1517 ofreció como regalo al sultán Selim I, conquistador de Egipto, durante un viaje que éste realizó por el país. Piri Reis escribe: «Los dibujó el pobre Piri Reis, hijo de Hadj Mehmet, conocido como sobrino carnal de Kemal Reis, en la ciudad de Gelibolu (Gallipoli). Dios tenga misericordia de ambos, en el mes del santo Muharrem del año 919 (9 de marzo-7 de abril de 1513)».

En el *bahriye* Piri Reis anotó que preparó sus mapas utilizando también veinte viejos planos y ocho mapamundis confeccionados en la época de Alejandro. El *bahriye* significa «colección», y esta colección está compuesta por doscientos diez mapas parciales con el título genérico de *Libro de los Mares*.

Los mapas encontrados en el palacio Topkapi de Estambul están datados en los años 1513 y 1528 y fueron trazados sobre piel de gacela con unas dimensiones de 85 × 60 centímetros. Hoy en día, aún podemos apreciar sus exquisitos colores. Los mapas también contienen leyendas de las ilustraciones, los ríos son marcados con líneas gruesas y las aguas poco profundas con puntos rojos. También aparecen dibujos de la fauna y los habitantes de las diferentes zonas.

Piri Reis había dibujado varios mapas, pero en realidad poseía detalles extraordinarios. Había obtenido la información, según se cuenta, de un marinero español apresado por los turcos en 1501. Y este marinero le confesó que había acompañado a Cristóbal Colón en sus tres viajes a América y que poseía un mapa utilizado por el Almirante en su búsqueda del camino más corto a la India.

No sabemos si este dato es cierto, pero resulta indudable que Piri Reis debió escuchar el nombre de Colón, puesto que en el mapa hallado en el palacio Topkapi hay una inscripción en turco que dice algo acerca de «un originario de Génova, de nombre Colón, quien vio un libro donde se decía que en el extremo del mar occidental había costas e islas cargadas de piedras preciosas».

El gobierno turco ordenó hacer copias del mapa y las envió a casi todas las bibliotecas del mundo. La prensa de la época hizo algún comentario trivial sobre el hallazgo y el mapa se perdió en el olvido de los archivos.

Pero la historia no acabó ahí. Años más tarde, el capitán Arlington Mallery, empleado en la Oficina Hidrográfica de la Marina de Estados Unidos, realizó un estudio sobre unas cartas noruegas antiguas del océano Ártico y de Groenlandia. Deseaba demostrar algo que preocupa desde hace mucho tiempo a la humanidad: si los vikingos llegaron o no a Norteamérica siglos antes que Colón desembarcase en la isla de Guanahaní. Pero Mallery encontró por casualidad el mapa del almirante turco y, sin querer, hizo algunas comparaciones. Lo que encontró le dejo perplejo.

Vio que la Tierra de la Reina Matilde figuraba en el mapa de Piri Reis con las islas que contienen los mapas modernos. Además, no había señales de hielo, como si el mapa hubiese sido dibujado antes del período glaciar. Era tal exactitud de las longitudes y latitudes que describía que Mallery se resistió a creer lo que veía, pues hasta el año 1765, dos siglos y medio después de dibujarse el mapa, los cartógrafos no comenzaron a realizar mapas con acierto.

Pero Mallery no fue el único en interesarse por el mapa. Un experto estudioso de la corteza terrestre, el doctor Charles H. Hapgood, profesor en la Universidad de Keene, Nueva Hampshire, tomó por su cuenta el mapa y halló anomalías incomprensibles. Eran detalles que sólo muy entrado el siglo XX fueron descubiertos. Por ejemplo, figuraba en el mapa la isla de Marajo, en la desembocadura del río Amazonas, a pesar de que era desconocida en 1513 y tardarían unos treinta años más en hallarla los exploradores portugueses. Aparecían los Andes dibujados con gran exactitud, incluso aparecían en ellos llamas, unos animales acerca de cuya existencia nada debía saberse en Europa. Ni tampoco en Turquía. Hapgood apreció en la península de Yucatán un río desconocido en aquella época y cerca de Argentina localizó las islas Malvinas, descubiertas en 1592. La Antártida mostraba su perfil bajo los hielos, que sólo a partir del Año Geofísico Internacional 1957-1958 se determinaría casi en su totalidad. El mapa de Piri Reis mostraba una cadena montañosa en el Polo Sur que sería descubierta en 1952, y así lo confirmaría en 1957 el sacerdote jesuita Daniel Linehan, director del observatorio del Boston College, quien había participado en una expedición al Polo Sur para confirmar los datos del mapa.

El profesor Hapgood terminó realizando un estudio comparando el mapa de Piri Reis con otros mapas originarios del Renacimiento para llegar a esta conclusión: el centro del mapa de Piri Reis puede localizarse en la intersección del meridiano que pasa por Alejandría y el Trópico de Cáncer. Es decir, a muy corta distancia de la Gran Pirámide de Egipto.

Entre los mapas realizados por Piri Reis, el fechado en 1513 incluye Gran Bretaña, España, África Occidental, parte de Norteamérica y Sudamérica (incluido el Amazonas y el golfo de Venezuela) y la costa de la Antártida hasta una zona por debajo de África y al estar rasgado, se sospecha que debió contener también el resto de Europa, Asia e incluso Australia. El mapa datado en 1528 abarca Groenlandia, la península de Labrador, Terranova, parte de Canadá y toda la costa oriental de Norteamérica llegando a Florida.

Los investigadores observaron que Piri Reis no utilizó las coordenadas habituales en su tiempo, y consideró realmente que la Tierra era redonda y lo tuvo en cuenta al trazar su mapa. Para poder estudiar más a fondo y con el máximo detalle los mapas de Piri Reis, se fabricó una especie de rejilla que permitiera a los estudiosos leer las dimensiones del antiguo mapa y poder trasferirlas a escala a un moderno globo terráqueo.

La sorpresa les llegó al descubrir que no sólo los contornos de la costa americana, sino también los de la Antártida, correspondían con toda exactitud a los que hoy conocemos gracias a la ciencia moderna.

En el mapamundi de Piri Reis el extremo sudamericano de la Tierra del Fuego se prolonga en una estrecha franja a modo de apéndice que casi enlaza con la Antártida, donde vuelve a ensancharse. Milímetro a milímetro se comparó el mapa de Reis con los perfiles de tierra submarina obtenidos por los más modernos medios científicos: fotografía aérea, tomas bajo el agua con cámaras de rayo infrarrojos, sondas acústicas enviadas desde buques... Con todos estos datos en la mano, se dedujo que unos once mil años antes (en el final de la Era Glacial), existió dicho puente continental en Sudamérica y la Antártida.

Comentar también que los perfiles costeros, islas, bahías, y promontorios del continente Antártico están representados en los mapas de Piri Reis con una exactitud de perfiles excepcional, aunque desde hace miles de años estén ocultas bajo una gruesa capa de hielo.

Durante el año 1957, también se interesó por los mapas el padre Lineham, antiguo director del observatorio astronómico de Weston y cartógrafo de la Marina estadounidense. Su conclusión fue la misma: los mapas (especialmente la zona de la Antártida) son increíblemente precisos, llegando a ofrecer datos que a nosotros únicamente nos constan después de las expediciones antárticas que suecos, británicos y noruegos llevaron a cabo en los años 1949 y 1952.

El profesor Sarton, de Harvard, realizó un estudio de la escala del mapa de Piri Reis, tomando como baremo la medida griega estadio. La escala utilizada por Piri Reis fue derivada de la medición de la circunferencia de la Tierra que llevó a cabo el sabio griego Eratóstenes (siglos III-II a.C.) y que fue calculada en estadios (1 estadio = 186 metros), y extrajo la siguiente conclusión: las distancias entre los diferentes puntos eran exactas.

Tanto Piri Reis como Eratóstenes sobrestimaron el perímetro del globo en un 4,5 por ciento, entonces, al restar esa dife-

Los mapas de Piri Reis nos hace pensar en la existencia de una cartografía espacial. ¿Quién los dibujó realmente? ¿Qué utilizó para ello?

rencia a las escalas de los mapas de Piri Reis, la exactitud con la realidad es asombrosa.

Entre todos los investigadores que estudiaron los mapas llegaron a una conclusión asombrosa: los mapas de Piri Reis sólo pudieron ser confeccionados basándose en fotografías aéreas, tomadas a una extraordinaria altura, desde una especie de satélite igual a los utilizados en la actualidad.

La existencia de satélites era incluso imposible de pensar en los primeros años del siglo XX, así que resulta increíblemente extraordinario que fueran realizados en los tiempos de Alejandro Magno. Incluso en caso de que fuera así, cabe preguntarse con qué información se contó en el siglo IV a.C. para poder confeccionar unos mapas tan perfectos sin una tecnología que no se desarrolló hasta finales del siglo XX.

Pero las sorpresas no acaban aquí. Al observar detenidamente los mapas de Piri Reis, se puede ver que entre América del Sur y África existe una isla de gran tamaño denominada «Antillia» (que no existe en la actualidad) rodeada de otras islas de menor tamaño. Y puesto que los mapas de Piri Reis no son fruto de la casualidad, los expertos se preguntan si no será esta isla la famosa Atlántida de Platón.

Otros mapas misteriosos

Existen otros mapas cuya confección es difícil de explicar, como el de Zeno, que data de 1380 y en el que aparece Groenlandia sin hielos. La misma imagen presenta el mapa de Yehudi Ibn Ben Zara (1487) con una Groenlandia surcada de ríos, valles y montañas, que no pudieron ser confirmados hasta el año 1947 mediante los sondeos de una expedición francesa capitaneada por Paul Emile Victor.

El mapa de Caneiro, del siglo XV, presenta la costa Oriental de África con toda precisión. El mapa de Andreu Benincasa ofrece con todo lujo de detalles la costa Norte de Europa. El mapa de Jorge Reinel (1510) cuenta con excelentes representaciones del océano Índico y parte de Australia. En el mapa Orenteus Finaeus (1531) aparecen ríos y montañas en la Antártida. El mapa realizado por Adji Ahmed (1559) recoge el continente americano detallado al completo.

La conclusión de todos estos mapas, de todos estos conocimientos anacrónicos, es simple y abrumadora. Incluso podría ser aún mucho mayor si no hubiesen sido devastados por el fuego y por la intransigencia del ser humano a lo largo de su historia, como tantos otros libros y documentos recopilados por nuestros antepasados que definieron como la Edad de Oro del hombre. Basta recordar que en unas pocas horas, uno de los legados más importantes de la humanidad, la Biblioteca de Alejandría, fue consumida por el fuego. Piri Reis perteneció a ese grupo de recopiladores de un saber lejano y oculto que hoy se nos antoja de leyenda y fantasía, pero en el que se pueden adivinar pequeños signos y señales de una historia que para nada tiene que ver con la que nos han contado. Una parte del mapa de Oronteus Finaeus (1531) muestra con increíble precisión la Antártida libre de una gran parte de sus hielos, tal y como debería haber estado hace cuatro mil años antes de nuestra era. Una excelente reproducción aparece en el Atlas M, del explorador sueco Nordenskjóld y publicado sesenta y nueve años antes de la primera marcación de los contornos reales de la Antártida.

Hajdi Ahmed en su mapa del mundo de 1559 ofrece una representación enigmática y muy moderna de las Américas y sobre todo de sus costas oeste. La forma de los actuales Estados Unidos está reproducida ahí con una perfección que sólo se conseguirá dos siglos después...

En 1502, Caneiro dibuja un mapa representando la totalidad de las costas africanas, en una fecha en que los navegantes de su país sólo tienen de ella una idea bastante vaga. En 1510, otro portugués, Jorge Reinel, representa el océano Índico con una exactitud incomprensible puesto que en su época no se sabía calcular las longitudes. En cuanto a China, es dibujada fielmente en un mapa chino grabado sobre piedra en 1137 que sólo podría haber sido hecho con la ayuda de la moderna trigonometría esférica.

El misterio también llega hasta Europa. Ibn ben Zara (1487) y Benincasa (1508), cartógrafos árabe y portugués, muestran Europa del Norte recubierta de un glaciar parecido a aquel que lo recubría hace doce mil años antes de nuestra era... Finalmente, unos portulanos, en particular el de Dulcert (1339), parecen copias de mapas actuales en una época donde la cartografía auténticamente medieval hace prueba de mucha fantasía. Algunos, como el sueco Nordenskj, piensan que un portulano «modelo» originario de la más remota antigüedad fue encontrado a fines del siglo XII y, posteriormente, copiado por cartógrafos medievales.

Una civilización perdida

En el libro de J. Mallas *Misterios de las Civilizaciones Muertas* (Telstar, Barcelona, 1968), leemos: «Siguiendo el meridiano 35, algo más el Este de Jerusalén, encontraremos situada Jericó. No sólo la actual, sino la que más nos interesa aquí: la prehistórica... ¡con la torre más antigua del mundo! Fue construida hace unos diez mil años».

Dániken también se interesa por Jericó, aportando la misma fecha y subrayando la presencia de unas piezas modeladas en yeso, cuando, según él, este pueblo no conocía la alfarería. También presencia una serie de casas redondas con muros juntados en su parte superior a modo de cúpula. Afirma que mediante el C-14 se ha podido establecer una antigüedad a estas casas de 10.400 años, y que estos datos sumamente científicos coinciden con los proporcionados por los sacerdotes egipcios. Estos decían que sus antepasados sacerdotes habían ejercido su sacerdocio hacía más de once mil años.

Herodoto, en el libro segundo de sus *Historias* refiere que en Tebas los sacerdotes le habían mostrado 341 estatuas colosales, cada una de las cuales representaba una generación sacerdotal. Esto ocurría según el historiador desde hacía 11.340 años, y antes de estas 341 generaciones los dioses moraban entre los hombres. Durante esos 11.340 años, o sea durante las 341 generaciones representadas por las estatuas, no había vuelto a morar ningún dios con figura humana entre ellos. Recordemos para esta fecha y para este lugar los mapas de Piri Reis... El tema de Herodoto también lo estudia Denis Saurat en su *Atlántida* (Mateu, Barcelona, 1962).

BIBLIOGRAFÍA

ARES, N., *Egipto, hechos y objetos inexplicables del Egipto faraónico,* Edaf, Madrid, 2002.

ARES, N., *El guardián de las pirámides,* Oberón, Madrid, 2002.

Galtier, Gérard. *La tradición oculta,* Oberón, Madrid, 2002.

JIMÉNEZ ELIZARI, I., *Enigmas sin resolver,* Edaf, Madrid, 1999.

KHUON, E., *Los dioses vinieron de las estrellas,* ATE, Barcelona, 1978.

LIEKENS, P., *La energía secreta de las pirámides,* Edaf, Madrid, 1996.

LLEGET, M., *OVNIs y agujeros negros,* Plaza & Janés, Barcelona, 1981.

MARTÍNEZ, T., *Tras las huellas del pasado imposible,* Editorial La puerta del misterio, Madrid, 2003.

MICHELL, J., *Astroarqueología,* Oberón, Madrid, 2002.

PALAO PONS, P., *Momias,* Tikal, Barcelona, 1994.

RIBERA, A., *La dimensión perdida,* Corona Borealis, Barcelona, 2002.

SCHOCH R. y AQUINAS R., *Escrito en las rocas.* Oberón, Madrid, 2002.

ÍNDICE